民国爱情
若无相欠 怎会相见

姜波/著

吉林出版集团股份有限公司

图书在版编目（CIP）数据

民国爱情：若无相欠，怎会相见 / 姜波著 . —长春：吉林出版集团股份有限公司，2017.10

ISBN 978-7-5581-3644-3

Ⅰ . ①民… Ⅱ . ①姜… Ⅲ . ①传记文学—作品集—中国—当代 Ⅳ . ① I25

中国版本图书馆 CIP 数据核字（2017）第 244298 号

民国爱情：若无相欠，怎会相见

著　　者 姜　波
策划编辑 宿春礼
责任编辑 齐　琳　史俊南
封面设计 颜　森
开　　本 710mm×1000mm　1/16
字　　数 160 千字
印　　张 14
版　　次 2018 年 4 月第 1 版
印　　次 2018 年 4 月第 1 次印刷

出　　版 吉林出版集团股份有限公司
电　　话 总编办：010-63109269
发行部：010-69584388
印　　刷 北京朝阳新艺印刷有限公司

ISBN 978-7-5581-3644-3　　定价：38.00 元

【前言】

于千万人之中，遇见你要遇见的人。

于千万年之中，时间无涯的荒野里，

没有早一步，也没有晚一步，

遇上了也只能轻轻地说一句：

哦，你也在这里吗？

这是一个玫瑰与炮火共同绽放的时代，这是一个长衫与豪气一齐飞扬的时代。在这里，有最风花雪月的传奇故事，也有最空灵浪漫的爱情誓言。无论男人还是女人都有着独特的风骨和丰富的情感，他们的爱情在时光里封存，在人心间流转，不尽相同却都刻骨铭心，已成往事又历久弥新。

不得不说民国是一个孕育传奇爱情的时代，男欢女爱、鸿雁传书，各自有各自的故事和情态。谈情说爱皆显理直气壮的胆识，细语喟叹也皆是对人生真实的如泣如诉，如此便构成了一个时代无法忽视的情感记忆。

在这个时代，士才子次第登场，才女名媛纷纷亮相。也许是“结发为夫妻，恩爱两不疑”的甜蜜交好，也许是“愿为西南风，长逝入君怀”的美丽忧愁，也许是“相思了无益，悔当初相见”的无可决绝，也许是“愿得一人心，白首不相离”的忠贞美好。

人生若只如初见。再懂得谈诗论艺的神仙眷侣，都要面对柴米油盐的磕磕碰碰；再擅长写书撰文的佳偶良伴，都要接受红尘俗世的跌跌荡荡。而钱锺书与杨绛，能将这二者始终兼顾，调和得有序而充盈，大概可称圆满。

天不老，情难绝。有多少深深的爱恋，败在了柴米油盐的琐碎中？有多少执手话白首的誓言，输给了现实的细节？爱情的美好憧憬，遇上了婚姻的摩擦，原来，这在如今常见的感情症结，朱自清和陈竹隐是早有遭逢过的。值得庆幸的是，爱，战胜了一切。

慈悲之恋无慈悲。纯纯恋曲生根发芽，连心都长成了植株一般的模样，从此爱上的人都有他的影子抑或劫难一生再也跳脱不出与他的联系。世上多的是爱情长跑，多的是情系双双，但对于徐悲鸿与孙多慈来说，聚散有时，后会无期。

遇一人白首。在公开场合，胡适总爱以各国怕老婆的笑话愉悦大家，对惧内的“丑闻”似乎更乐意视为一份爱的表现，这着实是一种宽厚的姿态，更是一种文化上的期待。

刹那即永恒。一场遇见，便是一生洗也洗不尽的春色，花花草草，山山水水，折射着一生的姻缘。林觉民就义已逝，留下了身怀六甲的娇妻陈意映，留下了一两信笺，留下了教科书上人人阅之感怀、听之动容的《与妻书》。

陪伴是最长情的告白。她说：“我们争争吵吵六十多年，但也和和睦睦共度了大半个世纪。”他说：“她既是我的内务部部长，又是我的外交部部长。”赵元任与杨步伟，这对徜徉在文坛的伉俪情深，还一直沉浸在甜酒苦酒的推杯换盏。

……

风光的背后皆为沧桑，传奇的佳话意味着独自承受更多。每一段感情都自有属于它们的见证者，那些与爱情有关的文字和情绪，仿佛不会因为时光的流逝而变老抑或搁浅。民国，这个纷乱的时代，这个苍凉而气质典雅的时代，许多浪漫的爱恋已随岁月的风烟远逝，只留下缕缕情愁。

凡世里的机遇各不相同，一世修为，各凭各命。一生中总有一个人是你心头的朱砂痣，一生中总有一个人是你的致命伤。民国绝美爱情，化作美丽与哀愁，在微雨的黄昏与你相遇。

【目　录】

徐悲鸿与孙多慈：慈悲之恋无慈悲

鲁迅与许广平：追慕与爱护的交缠

朱自清与陈竹隐：天不老，情难绝

沈从文与张兆和：花事未了，怎奈岁月留白

赵元任与杨步伟：陪伴是最长情的告白

钱锺书与杨绛

人生若只如初见

一个九十二岁的老人，别去夫女，独伴青灯，依然活得蕴藉，过得安和，日夜精进不休。而往事，回首追忆来，尽是岁月里陈列的珍重，尽是陪伴中绽放的温暖，哀而不伤，泪中带笑。于是，凝视着杨绛先生，我才真正了然人淡如菊的真谛，字语间，她淡淡地说：

“我一个人思念我们仨。”

她的确是钱锺书口中“最贤的妻，最才的女”！满纸穿望世事的达观，全然将一个世纪的里程记刻，荡去战火、疾病、政治风暴、生离与死别的喧哗。

沧桑年轮，恩宠生命，六十春秋，横过爱与生死。再懂得谈诗论艺的神仙眷侣，都要面对柴米油盐的磕磕碰碰；再擅长写书撰文的佳偶良伴，都要接受红尘俗世的跌跌荡荡。而钱锺书与杨绛，能将这二者始终兼顾，调和得有序而充盈，大概可称圆满。

拥挤的尘世中，这个三口之家的故事如一泡清茶，芳香静散开来。

智慧和灵气的相遇

多年前，杨绛捧书阅读，渐深入渐畅喜，忽地觉得眼底的这行字意味特别，便念给在旁的钱锺书听："我见到她之前，从未想到要结婚；我娶了她几十年，从未后悔娶她；也未想过要娶别的女人。"

她的声音徐徐推进，慢慢咂摸着，并不愿意很快读完，心下思量这大概概括了最理想的婚姻。

他当即回说："我和他一样。"

她复："我也一样。"

1932年的清华校园，远不是今天这般充斥着现代气息，固然也恢宏阔达，但总多几分典雅。彼时的女生宿舍，连名字都起得蕴藉，叫作"古月堂"，尤让人浮想联翩。而这一处的确是有别致风景的，其前常常站着等候女友的男生，他们也很有趣，把"约会"戏谑为"去胡堂走走"。

身为理工科的最高学府，男多女少，自然是常态，于此女生就有了备受宠爱的殊遇。纵然四季轮转，纵然寒暑不常，古月堂门口总能看到几个焦灼的身影，眼巴巴地往里盯了去，翘首着，企盼着。

在这些各有模样的等待里，一位棱角清朗的男子，似乎更显稳重，他叫钱锺书。

他要迎接的女孩子，名叫杨绛。

他们的结识，说来幸运又美好，这一天，风和日丽，春和景明。

她的老朋友孙令衔，正是他的表妹，于是，借着这访友探亲的时机，两人得以在古月堂门口初见。

钱锺书面貌清癯，一副老式大眼镜下，目光明亮有神，含满自信，他笑着，眉宇间蔚然而深秀，身上的青布大褂，毫不遮盖全身的儒雅。而杨绛玲珑清秀，身材窈窕，温婉聪慧的气质中，又透露着几许活泼。

匆匆一见，甚至不及说上话，彼此却将对方的“信息”尽收眼底。

后来他写信给她，约在工字厅相会。

一见面，钱锺书急切地澄清：“外界传说我已经订婚，这不是事实，请你不要相信。”

杨绛也趁机说明：“坊间传闻追求我的男孩子有孔门弟子‘七十二人’之多，也有人说费孝通是我的男朋友，这也不是事实。”

话毕，两个人禁不住相视而笑，在接下来的聊谈中，对于文学的爱好与追求，牵动着两颗年轻的心，他们越发投机，对彼此的性格也越发欣赏，称得上心灵相契。连绵着内底深处的怦然悸动，这算是第二面钟情。

自此，古月堂前，她就成了他要等的人。

至为美妙的结合，世人总期想将之演绎为一见钟情的故事，总愿意任它积满所有佳好的元素，好叫它锦上添花，并且于完美，再多璀璨的注脚也是不够的。

而这一对才子佳人，的确是足足够份的，他们在遇见彼此之前，已各见优秀。

钱锺书是清华西方语言文学系本科三年级的学生，亦是有名的才子，当时，他与曹禺、颜毓蘅被大家称为“三杰”。他又格外出众些，教文学的吴宓教授这样称赞他：“自古人才难得，出类拔萃，卓尔不群的人才尤为不易得，当今文史方面的杰出人才，在老一辈中要推陈寅恪先生，在年轻一辈中要推钱锺书，他们都是人中之龙。”

钱锺书是江苏无锡人，出身名门：父亲钱基博为著名的古文家，20世纪30年代位居我国四位国学大师之一，亦是国内外多所大学的教授；母亲姓王，与通俗小说家王西神是亲姊妹。钱锺书在家中是长子。

中学时代，由于接受的是美国圣公会办的西式教育，他的英文基础颇为坚实，而在国文方面，更由父亲亲自教授，学养根基因而不乏深厚，渐渐地，古文造诣也远高出同龄人。进到清华之前，他就已代父亲为钱穆的《国学概论》作过序文，后来书出版时亦一字未改，不得不说，头角峥嵘，后生可畏。

大概才华和天赋都用在了语言文学上，所以数学就遭了殃。幼时，他埋头沉醉于《西游记》《三国演义》等名著，哪个人物使用什么武器，连同斤两都记得十分清楚，却如何都不识得阿拉伯数字。

他是1929年春考入清华的，入学考试时，数学只得了十五分，本来是不能录取的，但因其英文特别出色，校长罗家伦才决定破格录取。正是这段不寻常的经历，使这个不事张扬的青年一入清华，便名传全校。

他是那种自顾自兢兢业业的人。清华课程虽繁重，他却应对自如，还能学有余力，钻研古典文学等其他专业。他酷爱读书，孜孜不倦，涉猎范围又广，实让人叹为观止。同学饶余威就曾感叹过：“同学中，我们受钱锺书的影响最大，他的中英文造诣很深，又精于哲学及心理学，终日博览中西新旧书籍，最怪的是他上课时从不记笔记，只带一本和课堂无关的闲书，一面听讲，一面看自己的书，但考试时总是第一。他自己喜欢读书，也鼓励别人读书。”

显然，在文科方面，他很有一种能力，不单记忆力超群、过目不忘，而且与书之间好似从来就有着一份本能的默契，悦目赏心，连辞典都看得饶有兴趣。

对于这样赫赫有名的人物，杨绛这年作为新生，一入校便知道他了。

她与他是同乡，在一个书香世家成长起来。

父亲杨荫杭是法学硕士，曾赴美日两国留学，不仅成为卓有大名的律师，而且在翻译、文学上也小有盛名——钱穆就说深受其作品《名学》《逻辑学》的影响——还办过期刊，做过编辑。她还有一个姑母，叫杨荫榆，曾任北京女子师范大学校长。

因为有着如此家学教养的熏陶，良好的教育、优异的成绩，于她毫无意外。不过，念书时的她，还是有点淘气可爱的，课堂上爱玩一种吹小绒球的游戏，常惹得老师生气，于是老师总向她提问。谁知她玩归玩，被提问时每次都对答如流，久而久之，不仅不追究，反而对其越发喜欢。

十七岁，她入读江苏东吴大学。一年后分科，当时并没有她喜欢的文学系，文科里较好的是法预科和政治科，而父亲大概因自身经验认为法律于一个女孩子并不相宜，于是，她只好进了政治系。因为兴趣不大，她对课程只是敷衍了事，大部分时间都待在图书馆里饱读文学书，三年下来，对文学的喜好就更是一发而不可收了。

大三时，她获得威尔斯利女子学院的奖学金，拥有赴美留学的机会，但因国外消费昂贵，而她不想增添家庭负担，更不愿意将自己的青春浪费在并不做长远打算的政治学上，便理智地放弃了。经过一番思量，她确立了自己的目标：考入清华的文学研究院——去中国最好的大学念自己最喜欢的文学。

就这样，出色的她果然圆了清华梦。

一入学，她的法语水平就令教师梁宗岱刮目相看，梁先生止不住惊奇，带着有些向她讨教的语气，问法语是怎么学的，她坦然道："自学。"

一个是朗朗才子，锐气与涵修兼具；一个是灼灼才女，智慧与灵气并重。钱锺书和杨绛，门当户对，佳偶天成，就连她的母亲后来都开玩笑说："阿季的脚下拴着月下老人的红丝呢，所以心心念念只想考清华。"

会过几次面后，他们便开始鸿雁传书了，思想的交流、文学的探问、生活的讨论……总之越写越勤，一天一封。直至杨绛觉出："他放假就回家了。（我）难受了好多时。冷静下来，觉得不好，这是fall in love（坠入爱河）了。"

正值少年意气风发之时，理想壮怀、灵魂瞭望，在北方的校园中，一对南国才人相爱了。花前月下的盟誓是没有的，卿卿我我的缠绵是没有的，他们之间有的尽是学业上互相帮助，心灵上沟通理解，而文学更成为爱的桥梁。

这并不影响俩人感情的格调与趣味。钱锺书很有想法，隔三岔五地约心上人写诗，并在此间表现出他的个性风度来，其中有一联如是："除蛇深草钩难着，御寇颓垣守不牢。"

相思情浓经他一比，写作蛇入深草，蜿蜒、动荡、难捉摸；爱之城堡由他想来，念为箭攻墙垣，冲破、侵占、不牢靠。其实，他竟敢融入宋明理学家的主张，将"存天理，灭人欲"这类原本道貌岸然的语句点石成金，化为己用，变成精妙的爱情宣言，这种诗意势必是独一无二的吧。他对此，倒也不谦虚，会自负地说："用理学家语作情诗，自来无二人。"

他曾为杨绛写过不少情诗，最著名的是刊登在《国风》上的《壬申年秋杂诗》四首：

缠绵悱恻好文章，粉恋香凄足断肠；
答报情痴无别物，辛酸一把泪千行。

依穰小妹剧关心，髾瓣多情一往深；
别后经时无只字，居然惜墨抵兼金。

良宵苦被睡相谩，猎猎风声测测寒；
如此星辰如此月，与谁指点与谁看。

困人节气奈何天，泥煞衾函梦不圆；
苦雨泼寒宵似水，百虫声里怯孤眠。

杨绛说：“是他的这些优美的诗句深深打动了我，从此结下了百年之好！”

父母之命下的自由恋爱

1933年夏天，钱锺书毕业，获文学学士学位。

对于清华校方提出的留校或继续攻读硕士之意向，他谢绝了；对于伦敦大学的再次邀请，他也没有应允。

这并非出于骄傲，而是他另有选择——南返。

他应承时为光华大学任中文系主任的父亲的召唤，想到在身边尚且能照顾其欠佳的身体，便直赴上海任教。而更深层的考量，即是自身的知识储备与治学能力，已有一定积淀，继续保以勤勉的自学，比在校听授更适合他。

就这样，和现今很多毕业季的大学情侣一样，这一对人开始了异地恋。

恋人分离，但信件不断，钱锺书的“飞书”仍一封赶着一封。

大约是信发得太频繁，连父亲钱基博也觉出了端倪。一天，杨绛的回信不巧落在了钱基博手上，这位老先生好奇心突发，竟招呼也不打就擅自拆阅了，不觉间喜不自禁。

原来，杨绛在信中和钱锺书讨论婚嫁问题，她这么写：“现在吾两人快乐无用，须两家父母兄弟皆大欢喜，吾两人之快乐乃彻始彻终不受障碍。”

老先生边看边赞：“此诚聪明人语！”

在这位饱经世故的家长看来，杨绛思维境界不凡，大方懂事，并能体顾双方家庭，这对只知读书、不谙世事的儿子而言，实在可遇不可求。老先生越想越是欣然，一时快意，也不待征求儿子的意见，便率性提笔回信过去，把她大大夸奖一番，并郑重其事地将儿子“托付”给她。

有了这一出，两位年轻人的私人交往进入到两个家族的结亲进程。因均属名门之后，仪式必然要十分郑重，于是，双方父母循着旧礼，为二人订婚。他在父亲的领带下，拜会她的父母，正式提亲。然后，拟了媒人，再在苏州一家饭馆里办了订婚宴，请两家族人及至亲好友出席见证。

钱锺书与杨绛的结合，真是有味，自由恋爱的底子，却老实地守了“父母之命，媒妁之言”的规矩，也算亦中亦西。于此，他以为颠倒了，她也感到茫然，后来回忆说：“我茫然不记得，婚是怎么订的，只知道从此我是默存的‘未婚妻’了。那晚，钱穆先生也在座，参与了这个订婚礼。”

默存是他的号，她喜欢叫他默存，而他也喜欢叫她“季康”，季康是她的号。

其实，这段命中注定的联结，算是再续“前缘”。杨绛八岁时，曾随父母到过钱家做客，当时少不更事，怎会想到长大后是以这样的身份再进门？

不管怎么说，珠联璧合，两家人皆大欢喜。

订婚后，一切如旧。钱锺书回光华大学授课，教诗学、英文学；杨绛也继续念书，完成最后一年的课业。

这时的她，文学上的光芒已初见展露。一篇散文习作——《璐璐，不用愁！》，将少女的三角恋爱心理描写得婉转、真切、到位，感情又细腻动人，得到朱自清教授的肯定与赏识，后发表在《大公报·文艺副刊》上，还入选了由林徽因负责编辑的《大公报·文艺丛刊·小说选》，出版时题目改为《璐璐》。在那本收录二十五位作者、三十篇作品的集子里，这个尚为学生、署名是季康的女孩，于沈从文、萧乾、老舍、李健吾、凌叔华等一群名家的行列当中，显得那样清新而难得。

而在清华园中，才情的卓然，让本就是大家闺秀的杨绛越发受人瞩目，她虽已订婚，但终未成婚，所以爱慕者仍不在少数。但她对此并无多少重视，亦不大在意自己的相貌，从来都淡然处之。很多年后，汤晏为钱锺书做传，她还特意写信声明：“我绝非美女，一中年妇女，夏志清见过我，不信去问他。情人眼里则是另一回事。”

钱基博果然没有看错，这一直是个智性明慧的女子。世间女子，对于夸赏，尤其是关乎美的赞誉，大凡都会表露出欣悦之神色，就算内敛、谦逊之人，也会在心中暗喜，而她却是例外。其实不相干之人的评价对她又有何必要，只要在他眼中她是美的就好，并且心也乐于享受这份褒奖。于美，她自有姿态，于容貌，她自有方圆，所以，于成众的追求，她亦始终自持，一如她的文，她的人也一直保有着素净和冷静。

1935年春，钱锺书参加了教育部公费留学资格考试。

他的目标是拿下英庚款项目英国文学的唯一名额。而实际上，他对这次投考已蓄意两年——《国外留学规程》里严格规定“要有两年以上专业工作经历”，所以他急着去教书，取得应试资格。

本来清华旧交曹禺也有打算报考，但听说这位仁兄报名了，就没有敢去。果然名不虚传，钱锺书“得分独多，全榜第一”，结果不言而喻。

大好消息来得如此迅疾，他当然要在第一时间告诉杨绛，并希望她能跟自己同去，留学、生活都好。

杨绛当然极为高兴，她感觉到一扇光亮的大门正向她打开，其上不仅标示了西方文学的殿堂，还铭刻着诸多英伦作家的名字，莎士比亚、狄更斯、曼殊菲尔……这些一度在课本上熟稔的人物，在这一刻离她更近了，而悠韵在文字间的那个国度也再度缭绕于脑际——真实与梦境的自然结合，是那多雾的城市；古典与潮流的相互辉映，是那塔桥下的泰晤士河；优雅与文明的崇高象征，是那提伞的绅士和穿方格裙的少女。三年前，她决然放掉赴美机会，并未觉得可惜，但这一次不同，梦想与感情的双重召唤，该是多么大的吸引力……她已经迫不及待了！

她得到教师的应允，以论文代替考试，终于提前一个月毕业。

7月中，钱锺书与杨绛正式完婚。

婚礼一共举行两场：在苏州杨家，采用西式，新娘披长婚纱，新郎着燕尾服，花女花童、伴娘伴郎及奏曲乐队一应俱全，新人交换戒指，并在婚书上用印；而迎娶至无锡钱家后，拜天地、敬高堂、入洞房，一切礼俗都按照中国的传统来。

钱老先生对这桩婚事大为满意，悉知杨绛属猪，特送上一汉代铜猪符给儿媳，这是他的珍藏物，承载着历史的长久，祝福这对年轻人平顺如意。

因了结婚的黄道吉日正当酷暑，仪式程序又烦冗，他和她真是饱经了汗水的洗礼，个中滋味，只有在相顾一笑之时，才可轻释。

“我们结婚照上，新人、伴娘、提花篮的女孩子，提纱的男孩子，一个个都像刚被警察拿获的扒手。”

杨绛后来这样笑谈，同时想起了更有意思的事情。

结识不久时，两人谈及各自的家庭，竟发生了“撞名”的巧事。杨荫杭曾被清末状元张謇称为“江南才子”，这让做女儿的她很是自豪；不想张謇致信他的父亲钱基博时，也称其为“江南才子”，于是，她以带有几分调侃、几分得意的笔墨说：“这使我不禁怀疑：‘江南才子’是否敷衍送人的，或者我特别有缘，从一个‘才子’家到又一个‘才子’家。”

而且，她嫁的男人，也一样配得上这个名号，货真价实。

一个月后，新婚夫妻双双离开江南，搭船去往英国，有关婚礼的趣谈或琐事都已扬在身后，他们终于有了相对平静的时光。

海风猎猎地吹过，空气中浸满咸凉，涛浪翻滚，旅途漫漫。他们间或谈说什么，又多沉静，毕竟都是第一次离家，面对强大的生活，恐怕只能合二为一才够勇气。

霍地，一阵寒意打来，她的心上顿生一种既甜蜜又惶恐的感觉。

常听钱锺书说自己拙笨，杨绛以往总觉难以想象，便一笑置之，但现在面对一切真相时，却生出惊觉与怜意：分不清左右手，不会系鞋带上的蝴蝶结，甚至连拿筷子也是一手抓——这个鼎鼎大名的才子，在生活方面完全是小孩子，他需要也的确依赖着她，时时处处。每每如此，她的思绪中便导入一个古老的词来——相依为命，心想，这一生，就让她一遍遍练习着、努力着将他照顾安妥，连同自己。

抵达牛津大学时，距离秋季开学还有一段日子，他先接受官方安排，做些准备，后进入埃克塞特学院，而她也想再攻读文学，接洽过女子学院，但名额已满，又不肯转修历史，于是泰然做了牛津大学的旁听生。

她将生活打理得有序而丰富，偶尔去听课，因为挑选的是极感兴趣的课，每每听后都觉酣畅淋漓，而大部分时候，她都待在牛津大学图书馆里。恢宏的中世纪建筑，让她有一种畅游的美感，加之藏书汗牛充栋，满足、敬畏、探索……动力尤甚，开心异常。她比照着文学史，给自己列了书单，订了计划，一本一本地读下去，笔记也做得越来越厚。

他时间充裕，也会过来壮大她的阵营，他们就那么一起伏在桌上读书，专注地赏味，毫无厌倦。有时，他们也兴致盎然地去市区的图书馆，借一些古旧作品和通俗书籍，然后抱上一堆书回家。

走着走着，从白到黑，由昼入夜，街灯一盏盏亮起来，他们又进到另一种况味里。见了路边的警察便打招呼，再看他慢吞吞地走开；遇上邮差，就顺便把家信收来；小孩子会拥着他们，讨要信封上的中国邮票。

牛津大学就是这样静好的小地方。

而这一对璧人好似从来就适合并熟悉这样的生活。

牛津大学的学位，钱锺书拿得并不轻松，他这才真正做了回头痛的学生，于是通过毕业论文考试，颇感如释重负。此后，他与杨绛又一起去了更自由的法国巴黎大学念书。

在这里，他们只需要按各自定的课程学习，心态上也愿意更加肆意地读书，除了英文，还读许多法国作家的书。尤其是钱锺书，到后来法文、德文、意大利文并驾齐驱，读得越来越有劲，两人的阅读量实在令人叹为观止。此外，他们还一起读诗、背诗，这时语言已不是主要目的，所以多讨论诗韵、意境等深入的问题。

有时走在路上，两个人的话题也很有意思，一起饶有兴致地赏景，看不同的房子，猜测里面居住着什么样的人家；依人流中的各等装扮，想象那人有着怎样的身份与故事。

在巴黎，学业、生活状态渐次稳当，他们毕竟是成了家的人，开始对孩子有了盼望。钱锺书向杨绛念叨："我不要儿子，我要女儿——只要一个，像你的。"

而杨绛并不满意，她对一个像他的女儿更为期待：不知是何模样，很费想象。事实遂愿，他们的女儿确实像钱锺书，健康漂亮，起名叫"阿瑗"，不过，这是后话了。

她住院待产，他天天要守在床前，但从家里跑来时，总苦着脸，一副闯祸的样子："我做坏事了。"

他打翻了墨水瓶，弄脏了房东家的桌布，她说："不要紧，我会洗。"

"墨水呀！"

"墨水也能洗。"

他就放心回去。然后他又把台灯砸了。她问明是怎样的灯，依然说："不要紧，我会修。"

他又放心回去。下一次他又满面愁虑，说是门轴两头的门球脱落了一个，门不能关了。

她还是笑眯眯地说“不要紧，我会修”，全无责备之意。

他心里默默感激着，并对她说的“不要紧”深信不疑。

她出院回家时，为了“庆功”，或也是回报，他煲了鸡汤，还贴心地往里加了嫩蚕豆，他做得很好，而她也真的把所有“坏事”都修好了。

就这样，作为生活的新手，他们在细节的试验中学会了过日子。

从没下过厨的她，摸索着菜品的做法，在几次失败的教训后，也可以拿得出像模像样的红烧肉；而拙手笨脚的他，就包了一家人的早餐，奶茶、鸡蛋、面包全权操办，连配料的黄油、果酱、蜂蜜也不落下，丰盛极了。

每日晨起，钱锺书都将几样餐点用小桌支在床上，然后适时地叫醒睡梦中的杨绛，让她享用。时间久一点，她会习惯这样高贵的待遇，但还是掩不住幸福地常说：“这是我吃过的最香的早饭。”

听到爱妻满意的回答，钱锺书欣慰地笑了。

璀璨的牛津和巴黎岁月，像一树盛长的植物，又像一片闪耀的星辰，是他们最浪漫又最快活的人生里程，杨绛就曾说：“好像自己打出了一片新天地。”

琴瑟和弦，鸾凤和鸣

1938年秋天，这个新生的三口之家，回到了战火纷飞的中国。

辗转间，他南下教书，她带着女儿做起了家教，一年后，在人人出逃的孤岛上海，他们一家落居下来，一待便是八年。

为了生计，她换做工部局半日制小学的教员，而他在震旦女子文理学院授课。

她的母亲、父亲相继过世，他家的经济条件也已大不如前，他们自然也不愿向家中求助，于是想起了自己的办法。

生活就这样必要地忙活起来了。

她赶路去很远的租界上课，承揽了一切家务，劈柴火、搬煤饼都是自己动手；他则尽量代更多的课……纵是这样辛苦，飞涨的物价还是成了他们现实又棘手的难题。

经济上的贫乏一度变作了三个人健康的直接威胁，身上的病症也就无意中积攒了下来。尤其是宝贝阿瑗，身体免疫力较弱，得过骨结核，差点死去。比之在国外的美好时光，这一段，太过艰难。

可是，他们的日子依然过得有声有色。

她劈柴生火的时候，特地给自己起了新头衔——灶下婢。他在一边逗女儿，饭快熟时，总“欺负”女儿说“baby no eat（宝贝不能吃）”，看那噘着小嘴的可怜劲儿便一阵大笑；女儿睡觉了，他还玩不够，就在她的肚皮上画鬼脸，也实在淘气得很。

生活之余，读书竞赛是夫妻俩最愿意搞的活动了，他们不仅比谁读书多，还像往昔的图书馆岁月一样交流阅读心得：“一本书，第二遍再读，总会发现读第一遍时会有许多疏忽。最精彩的句子，要读几遍之后才会发现。”

他这样说，她却不以为然：“这是你的读法。我倒是更随性，好书多看几遍，不感兴趣的书则浏览一番即可。”

读读写写，嬉嬉闹闹，三口之家的悠悠情味丝毫不减，风雅又生趣，不禁羡煞旁人。

生活的起承转合，总是到来得恰如其分。

1942年年底，杨绛的话剧处女作《称心如意》问世了，这部四幕喜剧，在上海金都大戏院一上演，就获得了极佳的反响，赞喝连连。钱锺书当然也为杨绛高兴，但或许是出于压力，他心中另有念想。一天，他对妻子说："我想写一部长篇小说，你支持吗？"

杨绛大为高兴，催他赶紧写，并让他减少授课时间；自己则一如既往地甘当家庭主妇，烧煤煮饭洗衣浆衫样样都来，仿佛还较以前更有动力，完全投身于做他的坚强后盾，一心只盼他的大作早日问世。

看着曾经娇生惯养的富家小姐，如今胜任成多管齐下的贤妻良母，钱锺书心上蔓延的不是她的聪明勤勉，而是深沉的惭愧、感激与珍爱。

终于，《围城》成功出版了。钱锺书在序中说："这本书整整写了两年。两年里忧世伤生，屡想中止。由于杨绛女士不断地督促，替我挡了许多事，省出时间来，得以锱铢积累地写完。照例这本书该献给她。"

沦陷的城市，流离的国家，夫妻两人渡过难关，相濡以沫，更能以平和之心，于乱世中陪伴，支持并一起前进。

确然，生活的窘迫，反而凸显了他们事业的辉煌：《围城》让"钱锺书"这个名字被世人铭记；而杨绛翻译出版了《一九三九年以来英国散文作品》及《随铁大少回家》，创作了另一四幕悲剧《风絮》。

李健吾赞誉道："我们开始发表杨绛女士的《风絮》，她第一次在悲剧方面尝试，犹如她在喜剧方面的超特成就，显示她的深湛而有修养的灵魂。"

20世纪的中国，人人都说，这是天造地设的绝配。

胡河清曾赞叹："钱锺书、杨绛伉俪，可说是当代文学中的一双名剑。钱锺书如英气流动之雄剑，常常出匣自鸣，语惊天下；杨绛则如青光含藏之雌剑，大智若愚，不显刀刃。"

琴瑟和弦，鸾凤和鸣——于这个纯粹、温馨的学者家庭，只是平常。

彩云易散琉璃脆

1962年8月，一家人迁居北京东城区干面胡同十五号，有四个房间，加一厨一卫，还带阳台，他们精心拾掇一番，添置了家具，终于得了个宽舒的家。那时，物质条件已有改善，钱锺书也会带着妻女下馆子。有一次，在等待上菜的空当，杨绛发现钱锺书和阿瑗着迷似的，一直盯着其他饭桌上的食客，于是问："你们这是干吗啊？"

阿瑗说："观察生活是件很有趣的事，你看那一桌两个人是夫妻，在吵架，那一桌是在宴请亲戚……"

杨绛明白了，这父女俩是在看戏呢。谁说不是呢？戏如人生，人生如戏，下场与上演，总发生得自然，衔接得顺畅，一刻都不停止。

而这三人在一起，构成了一组特别的观众，同时又身在其中，自己也创造着，趣味无穷。由此，平淡日月充满了温情，怪不得杨绛写："我们仨，却不止三人。每个人摇身一变，可变成好几个人……阿瑗长大了，会照顾我，像姐姐；会陪我，像妹妹；会管我，像妈妈。阿瑗常说：'我和爸爸最哥们儿，我们是妈妈的两个小顽童，爸爸还不配做我的哥哥，只配做弟弟。’我又变为最大的。锺书是我们的老师。我和阿瑗都是好学生……”

到1972年早春，北京开始改用煤气罐。

钱锺书照常呈上早饭，还特意学做了妻子爱吃的猪油年糕，满面得色。

杨绛当然不吝啬对他夸奖几句，但他这回不笑也不应，装作若无其事的样儿。吃着吃着，她越发放慢了速度，认真思考起一个问题来：平时的煤炉，都是由她前一晚封上，他第二天打开火门就可以“开工”了，但这一次不是的——想到这里，她即时发出了疑问：“谁给你点的火呀？”

不想，老顽童钱锺书正等着她问呢，这下得意地说：“我会划火柴了。”

是的，他生平第一次划火柴，是这样重大、好玩又温情。

因为生活里的滋味分外满足，他的言语间也不禁流露出幽默与喜悦。

有位外国学者读了钱锺书的《围城》后赞叹不已，打电话说要见他。钱锺书在电话里饶有兴味地说：“假如你吃了个鸡蛋觉得味道不错，也就可以了，何必要认识那只下蛋的母鸡呢？”

这个有趣的家里，还养过一只猫。钱锺书觉得它很有灵性，因此格外爱护。

猫儿长大，开始顽皮了，就不免和别的猫打架。这倒没什么，但它“犯事”的时间通常在半夜，他极操心，即便是冬寒之季，只要听见猫儿的叫闹声，就势必钻出热被窝，拿了特备的竹竿，赶去帮忙助阵。更逢巧的事，在清华时近邻林徽因的宝贝猫，就是他的猫儿争风打架的情敌之一，两家“爱的焦点”掐在一块儿，但真有好看头了。

杨绛怕钱锺书为猫而伤了两家和气，常引用他《猫》中的第一句，劝道："打狗要看主人面，那么，打猫要看主妇面了！"

而他也笑说："理论总是不实践的人制定的。"

钱锺书与女儿的戏，也常常在家里上演。

他逗阿瑗，说《围城》里有个丑孩子，就是她。

女儿认真听信了，眨着一双眼睛，思考了一会儿后，却也大方，不做计较。

他喜欢看她发愣出神的样子，就又告诉女儿，自己写的《百合心》里穿紫红毛衣的女孩，是个最讨厌的孩子，也就是她。

阿瑗这下大大上心，每天找爸爸的稿子"侦察"真相，而钱锺书就把稿子一天换一个地方藏起来。一个藏，一个找，周而复始，成了捉迷藏式的游戏，后来连杨绛都不知道稿子藏到哪里去了。

但这个时候，并不意味着这一对老小孩玩闹的暂停。钱锺书还会发明出别的游戏来。

每晚睡前，父女俩都要打上一场"地雷"战，他把各种玩意儿都埋进女儿的被子里，大小轻重完全忽略不计，除了玩具，砚台、毛笔都是派得上用场的。等阿瑗惊叫，他就得意大乐。时日久了，熟悉了爸爸的伎俩，小女孩临睡必定进行一次仔细而小心的搜查，将所有东西一一清出，才算安心。这种乐子，天天玩也没多大意思，但他偏偏乐此不疲。

钱锺书曾经很认真地跟杨绛说："假如我们再生一个孩子，说不定比阿瑗好，我们就要喜欢那个孩子了，那我们怎么对得起阿瑗呢。"

爱女阿瑗出生时，钱锺书致“欢迎辞”：“这是我的女儿，我喜欢的。”

杨绛也说女儿是自己“平生唯一的杰作”。

“人间不会有单纯的快乐，快乐总夹带着烦恼和忧虑。”

这个三口之家，朴素如布却也纷呈如画，纯澈如溪但也温馨如饴，没有轰烈的转折，没有惊动的冲撞，只有默然的相守，安宁的陪伴……逝去光阴惹人妒，似水年华里，太美好的故事终有收场的一刻，杨绛在《我们仨》里写道：“一九九七年早春，阿瑗去世。一九九八年岁末，锺书去世。我们三人就此失散了。”

女儿离开时，钱锺书已重病卧床，杨绛守着他，看伴了一生的他，双眸释放的尽是黯然。她急忙告诉他：“阿瑗是在沉睡中去的。”

钱锺书点头，痛苦地闭上眼睛。

世间好物不坚牢，彩云易散琉璃脆。

女儿走了，丈夫走了，现在只剩下杨绛一人。她清醒地看到以前当作“我们家”的寓所，只是旅途上的客栈而已；家在哪里，她不知道，又因而一遍遍地思念着“我们仨”，寻觅着，人生的归途。

每年的7月17日，是杨绛先生的寿辰，但是她很低调，不举行任何庆祝仪式，也谢绝一切热情拜访，只嘱咐亲戚们在家为她吃上一碗寿面即可。

一如钱锺书在世时从不做寿一样，他的原话是：“不必花些不明不白的钱，找些不三不四的人，说些不痛不痒的话。”

而杨绛说的是：“我无名无位活到老，活得很自在。”

2014年8月，被称为钱锺书《围城》姐妹篇的《洗澡》推出了续集《洗澡之后》，杨绛表示："现在趁我还健在，把故事结束了，别人也不要再想写续集了，为的是给主人公一份纯洁的友情，也给读者一个圆满的结局。"

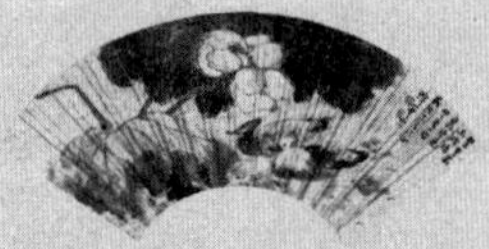

【遇见最好的爱情】

爱一个人，要花多长时间？我们会在很小心的时候，遇到适合的爱人，然后一起老，一起死。

从相识、相知到相恋再到修成正果，大概，人人都欲图将爱情到婚姻的步骤拿捏在掌。行过了一定的路数，才好享花好月圆。

但爱情并非按部就班遵循议程即可，总有倾心、认定等快捷键，加上两情相悦的快马加鞭、父母们的乐意之至，也就功到自然成了。而门当户对有时也成了一种美名。

在爱的修行里，最重要的是寻对伴侣，此后，一切荒废都是努力。

胡适与江冬秀

遇一人白首

徽州女人向来是沉默而隐忍的，她们顾家孝老，保有一贯传统的好德行，江冬秀和传统的徽州女人一样在这方面做得很好。但她到底是另一种女人，甚至于可以说不失为新一类女性的楷模：不但对外方圆十足，而且在家也气场强大——她的确属虎，在属兔的胡适面前，当仁不让，用胡适自己的话来说就是，“兔见老虎当然害怕”。

在公开场合，他总爱以各国怕老婆的笑话愉悦大家，对惧内的“丑闻”似乎更乐意视为一份爱的表现，这着实是一种宽厚的姿态，更是一种文化上的期待。胡适总是妙语不断：“太太年轻时是活菩萨，怎好不怕！中年时是九子魔母，怎能不怕！老了是母夜叉，怎敢不怕！”他丝毫不介意，说完后，自己都哈哈大笑起来。

胡适言笑连连之时，绝不会想到，这些玩笑日后竟会一一应验，甚至就代表了他们的感情历程。

不过，又何尝不是这一对组合有趣的地方。

轩车来何迟

1904年1月，胡适十三岁，就与江冬秀订婚了。

这是安徽故里订下的姻缘，绩溪上庄与旌德江村只有一山之隔，胡江两家又沾亲带故。有趣的是，小女婿最先入了丈母娘的眼。有一年，胡适随母亲到绩溪旺川姑婆家看“太子会”，恰巧江母也在此，端详这小儿长得俊俏伶俐，便一眼相中，一定要将自己的女儿江冬秀许配给他。

虽说，二人都属官宦之后，但如今胡家家道中落，远不及江家富裕，门户上不足登对。况且，绩溪乡风讲究“宁可男大十，不可女大一”，而江冬秀比胡适大一岁，因此胡家并不想攀结这桩婚事。

谁知，世间事因缘殊巧，自有论定。一方不愿高攀，一方却想低就，于是江家托本家叔叔上门说亲。那就问问生辰八字吧。

经此一问，胡适的母亲表态看好这姻缘。

女方的红纸“八字”送来，媒人胡祥鉴先洋洋洒洒来了一番美言劝说，接着经过算命先生的有力推算——江冬秀属虎，命带宜男，两人一虎一兔，生肖很合，不冲不克，女大一岁实无妨碍——婚事可成。最后，胡母又请灶神显灵，她虔诚地拜了三拜后，把装有几个人八字的竹筒拿下来，均匀地摇了摇，再用筷子夹出一个，郑重打开一看，神了，还是江冬秀的。莫非真是命中注定的“天赐良缘”？

于是，在一连串的说和与检验之下，两个人的终身大事就定了下来。而尤其对江冬秀而言，在婚姻这场较量中，她是真正拼“命”上位的，靠的也是自己。

订婚后，胡适先后去上海、美国读书。胡适对母亲极为挂念，便经常往家中寄信，将奇见妙闻报告回来，与老人家分享他的喜悦。对于母命费心所赐的未婚妻，他是接受的，所以在家信中也常有提及：他寄希望于江冬秀的，主要是多读书识字和尽快放小脚两项，同时表示为利于婚后生活，愿意从现在开始培养彼此之间的感情。

1911年4月22日，胡适提笔向江冬秀正式发了第一封信，里面问她：

“现尚有功夫读书否？”

“甚愿有功夫时，能温习旧日所读之书……虽不能有大益，然终胜于不读书坐令荒疏也。”

她如此回应，算是诚切，夹在胡母的信中一同回过去。他是真的在意，之后便嘱托母亲转告江冬秀，希望她能给他写封信，哪怕几行字都行。

大概过了一年有余，胡适才收到江冬秀的回信，谈及文化能力，“程度低微，稍识几字，实系不能作书信”。他一眼便知来信为别人代写，于是又宽言：“其实自己家人写信，有话说话，正不必好，即用白字，亦有何妨？亦不必请人起稿，亦不必请人改削也。”

不错，江冬秀是幸运的，遇上了胡适的耐心指教，于是她也惜福，真的一笔一画地学起来，先是可以起稿，再请人做删改，最后能达到完全由自己写信了。她亲笔写的信，尽管错别字仍多，他还是很高兴，在回信中，并不吝啬鼓励之词，还一一予以纠正。

于此，两人算是完成了一场不大不小的交流，感情也自然有所加深。毕竟彼此向心努力，是难得的好事情。

如果说让江冬秀识字是一种个人修养上的要求，那么让她放小脚，就一定是胡适出于社会风化的考虑，他希望她能做乡里表率。在给母亲的信中，胡适这样说："又知放足之事，吾母已令冬秀实行，此极好事，儿从今可以放心矣。"

余后他还直接发信给她，明确心意："前得家母来信，知贤姊已肯将两脚放大，闻之甚喜。望逐渐放大，不可再裹小。……贤姊为胡适之之妇，正宜为一乡首倡。"

实然，江冬秀几年前就放了小脚，但到底是缠过脚的，只能静待其观，若真想恢复到天脚如何容易？

他称得上西装先生，她也算是小脚女人。对于这桩旧式婚约，在起势之时，他温和调教，她迎身照做，像极了一段佳话的开头。

旧时，婚姻即是女人的一辈子，江冬秀真的很上心。

她越过那山头，时常往胡适家跑，或帮忙做家务，或跟准婆婆做伴。她在家也有丫头使唤，但到了胡家，就要献出未来儿媳妇的诚意，粗活重活都主动伸手去做。

尤其是夏天，天亮得早，她也就早早前来，忙东忙西。一天，适逢江村一本家到胡家办事，见院子里有个女人正挪着小脚扫地，抬头望望朦胧的晨光，暗下思忖：这是哪个勤快的人儿？禁不住好奇，他凑上前一看，大吃一惊，道："冬秀，你在娘家可是大门不出二门不迈的大小姐呀，胡家怎能将你当粗丫头使？"

江冬秀一下子哭起来："这里老小人人都起早摸黑地干活，我在这里什么都不做，像什么话？你回到江村不可对人讲，讲出去我会很没面子。"

世上没有不透风的墙，而这也确非什么坏事，当江母知道女儿在胡家的情况时，深为理解，往后江冬秀到胡家，会叫一个女佣同去，不但是让其代为做活，而且也好减轻女儿的一些心理负担。对于江冬秀的苦心，胡母看在眼里，激赏不已，这样一来，胡适自然也就知道，他为此专门写信向她致谢：

“屡得吾母信，具言姊时来吾家，为吾母分任家事，闻之深感令堂及姊之盛意。出门游子，可以无内顾之忧也。”

“适去家日久，幸贤姊肯时时往来吾家，少慰家慈思子之怀，寂寞之况。此适所感谢不尽者也。”

而江冬秀觉得这是她应尽之责，回信说：“秀本意欲代君侍奉高堂，并申妇职，乃母病未克久离，两地心悬，只抱谴仄（责）而已。”

或说这是江冬秀的小小伎俩，但她的初心未必不令人感动。

而于胡适而言，他自幼丧父后，受足了母亲的恩惠——

“我的母亲虽然不识字，却是世界上最好的女性。

“我十四岁就离开她了，在这广漠的人海里，独自混了二十多年。如果我学得一丝一毫的好脾气，如果学得了一点点待人接物的和气，我都得感谢我的慈母。”

因而，对原本也目不识丁的未婚妻多了耐心，何况，他又实在好脾气得很。她的听话与懂事，也在他这里加了分。

于是，两人就这么鸿雁传信。他们从未见过面，但经常互寄照片。

1913年，家中将一张全家福寄给胡适，他借此初见了她的样貌，喜之不尽，并随兴作起诗来。其中说及江冬秀：“图左立冬秀，朴素真吾妇。轩车来何迟，累君相待久。十载远行役，遂令此意负。归来会有期，与君老畦亩……”

他流露了满意之心，许下了归来有期的承诺，于是也给江冬秀寄送自己的照片，并在其背后题诗曰：“万里远行役，轩车屡后期。传图入图画，凭汝寄相思。”

收到信物的她，亦是欢悦的，对此十分珍视，并把它摆在梳妆台的显眼处，日夜相对。

而当胡母给儿子寄去江冬秀单独的照片，两人之间照片相晤，的确也是心心相印，乐在其中了：

“夏间得家慈寄来小影一幅，得之如晤对一室，欢喜感谢之至。”

“捧读欣悉秀小影已达左右，而郎君玉照亦久在秀之妆台，吾两人虽万里阻隔，然有书函以抒情悃，有影片以当晤对，心心相印，乐也何如。”

时日纤长，眼看着待嫁的少女就快成了老姑娘，胡适却还是不见回来，两家人都着了急，江冬秀多少也有些沉不住气……此时，乡间谣言传散开来，惹得山头两边的人都在议论：胡适在外国娶了洋女人，孩子都上学了，不回来咯——胡母对谣传的态度倒是理性，但儿子没有丝毫归意总是不行的，便欲问个准音儿。胡适回信，斩钉截铁断言这是无稽之谈：

“久已认江氏之婚约为不可毁，为不必毁，为不当毁。”

母亲当然不知道，儿子熟谙西风见闻，留学几年早已形成了自己成熟的爱情观与婚姻观。

爱别离，怨长久，求不得，放不下——普通人在感情中常有的四苦，于他是没有的。因为，在他看来，爱情只是生命中的一件事，而不是唯一的事。很多年后，当他跟一位红颜知己陈衡哲谈起这些时，神情和语气至为坦然，这是信仰之初的事，无须太多解释。他以为，当时不毁婚约，是因为不想伤几个人的心。

这大概是一种理性的境界。在人生面前，爱情和婚姻都没有一锤定音的效力，当然用不着花“伤几个人的心”这般大的代价换取。

他是这样的勘破，她却还在努力着。

1917年1月，胡适作诗《病中得冬秀书》：

病中得她书，不满八行纸。全无要紧话，颇使我欢喜。
我不认得她，她不认得我。我总常念她，这是为什么？
岂不因我们，分定常相亲。由分生情意，所以非路人。
海外土生子，生不识故里。终有故乡情，其理亦如此。
岂不爱自由？此意无人晓。情愿不自由，也就自由了。
名分何以生情？良心而已，担责而已。

在母亲左一封信右一封信的催婚攻势下，半年后已任北大教授的胡适以与鲁迅一样“孝母”的精神，回到家乡徽州。他提出要在婚前见江冬秀一面，她勉强答应了。

胡适到江家后，由其哥哥陪同着，以作引带，前往闺房。他刚想靠近绣阁，她闻声便掩进帐内，他继而张目望去，只见隐约不现。在旁的舅母欲上前撩开床帐，他心下却感到愧疚，忙拦住，然后倒自自然然地退了出来。他算是未得愿见到未婚妻，但是她却有心见到了未婚夫，心中煞是欢喜。回到家后，大家对胡适去见新人的事很是关心，问东问西，他于是笑着说：“见了，很好。”

这年冬天，胡适与江冬秀这场漫长的婚约终于要兑现了。

陈规陋俗让胡适不屑一顾，他于是创新了婚礼仪式。胡母同意了儿子的婚礼改革，但无法容忍这个留洋归来的博士数典忘祖，于是母子间各让一步，取了折中：“我们没有拜天地，这是废除的陋习中最重要的一项。可是我们还是去祠堂拜了祖先。”

新房门上贴了一副对联：三十夜大月亮，二十七老新郎。

12月30日，正值年节新旧交替之际，一场新旧杂糅的婚姻生成了。

按照母亲的想法，胡适从美国留学回来就结婚。

虽然胡适申明希望夏天再结婚，但还是遵母之命，提前定下了日子。他要改革旧婚礼，尤其反对择吉日完婚诸类毫无科学依据的旧俗。

母子俩关系素来和善，这次为选择吉期却起了争执，后来双方各做让步，商量了一个折中的办法，将婚期定在胡适的生日——即12月30日。于胡适，这不是来自算命先生的择定；于胡母，儿子的生日当然是个良辰吉日，可谓两全其美。

面对即将到来的婚礼，胡适做何感想，请听他的“老实话”：“我不能说，我是怀着愉快的心情，企盼我们的婚礼。我只是怀着强烈的好奇，走向一个重大的实验——生活的实验！”

而就是这“实验”的对象，却为胡适赢得了一世圣名——新文化中旧道德的楷模，旧伦理中新思想的师表。

对于这民国七大奇事之一，张爱玲就曾特地去胡适家做了确证：“他太太带点安徽口音，我听着更觉得熟悉。她端丽的圆脸上看得出当年的模样，两手交握着站在当地，态度有点生涩，我想她也许有些地方永远是适之先生的学生，使我立刻想起读到的关于他们是旧式婚姻中罕有的幸福的例子。”

容忍比自由更重要

友人唐德刚曾有戏言：“胡适大名重宇宙，小脚太太亦随之。”

1918年冬天，江冬秀拜别老家的婆婆，来到北平，来到胡适的身边，与之共同生活。自此以后，天涯海角，她总是伴随着他。

若到了过年，江冬秀总拉着胡适流连于庙会，尤其是每年一次、京味最浓、最闻名遐迩、看头颇大的厂甸庙会。

在逛庙会的时候，他的主要目的无非挑选书和一些小件文物。而她的乐子是找小吃摊——冰糖葫芦、茶汤、豆汁、棉花糖以及各种传统小吃应有尽有，处处充满节日的喜庆气氛。

江冬秀在厨艺上是一把好手，又爱热闹，平日里喜欢打扑克，又常常宴请高朋，大小场面皆应付自如。

胡适的朋友——石原皋到了三十岁还单身，自然生活得潦草了些。江冬秀闻后，就在其生日那天，热情地请了两桌客，设宴自家客厅，准备佳肴美味以共享。这一天，初得贤妻的胡适在朋友面前特别有面子。

而关于这道大菜，还有故事。后来胡适在美国宴请罗斯福时也准备了一道一品锅，罗斯福给了它进化版的名字："这道好吃的菜是你胡适请我吃的，我看就叫'胡适一品锅'吧。"

她的手艺，他的名，让人不由得以相得益彰来形容。

这就是江冬秀的魅力。她本是一个小脚女人，深闺中安守多年，没什么交际可言，也只因胡适才识得几个字，刚一离乡土，就扎进了文人堆里，按说怯懦畏缩才属常态，她却丝毫没有，反而始终以女主人的端庄甚至是强悍姿态，同一帮作家、教授打交道，不造作亦不虚伪，全然以本色打场，将日子过得风生水起。

这些，也是出乎胡适预料的。

如果说，江冬秀婚前的主动出击或矜持却步，是她的恋爱策略，那么婚后她就要依着本性大展身手了。同时，她仍有精明的小手段，那就是掌握了他要做圣人、当大师的弱点，每每关键情形以此出击，她便必胜无疑，而胡适也便服服帖帖了。

1923年秋，胡适因身体状况决定到杭州疗养，江冬秀不放心，特地写信给为其当过伴娘，时在杭州读书的表妹曹诚英，托请她照顾表哥。一纸请托，别字连篇，但情意难掩。可是，这可心人儿做梦也想不到，这一对表哥表妹就着西湖的凉风、细月、轻舟、软水掉进了温柔乡里。

两人整日里，凭窗读报，沿湖散步，言言语语，缱缱绻绻。与丰盈热闹的婚姻生活截然不同的是，胡适体味到了一种纯粹的文艺恋爱：听风、赏画、吟诗，而这更接近于精神享受，跟江冬秀是不可能达到的。

彼时，自由与开放的风气见长，人们好似都希冀这俩成为一对金童玉女。湖畔诗人汪静之最早知道后，默言笑笑，一脸“看好”的神情；徐志摩更是十二分开心，转而告诉了陆小曼，又在圈子里不时为此事耳语几句，风平浪静的背后，差不多是全北平的文化人的谈资。如此势不可当，最后江冬秀也听闻传言了……

她生命的全部精彩，都得源于他。她怎么能忍受这样浩大的威胁？于是，孤注一掷！

母老虎发怒了，发怒的母老虎是要咬人的。

这天，胡适到家，江冬秀照旧先舒服伺候了一番，他当然不知这宁静是暴风雨前的打赏。只听骤然一声断喝响来，胡适虽然吓愣了，但稍后也琢磨明白了，只有那一个缘由。他随即摆出一脸无辜，做苦说着冤枉好人，不想脸色苍白、眼神跳转暴露了谎言。江冬秀一眼识破，本就恼怒的情绪经这一气，更喷起了火：“半斤鸭子四两嘴，你至今还嘴硬，你诚心娶你表妹，就将我娘俩先杀了。”

她用胳膊夹着儿子，看上去蛮劲十足，任孩子胡踢乱蹬、哭闹叫唤，她也顾不得了。胡适也犯了犟脾气：“别拿死啊活的吓唬人，有本事你去……”

话头完全没有进行下去的可能了。江冬秀以迅疾之势，已将一把剪刀举过头顶，对着儿子：“不如我先杀了他再自杀，省得我娘俩碍人家娶小老婆。”

胡适一看吓得魂飞魄散，脸色再做惊变，嘴里一时支吾不成语，这危急之刻，他失去了一贯擅长的平静与理性，终于，他还是吐了劝解之词，未敢停歇地道：“冬秀，你别胡来，冬秀，别乱来——”

“就让我们娘俩死给你看。”

在江冬秀哭着的空当儿，家佣趁险抢过手中的武器，还在气头上的老虎并不作罢，又抓过一把裁纸刀朝胡适扔过去，幸好出了偏差，未伤及哪里。这下，胡适似落得仓皇狼藉，心胆才算可以保全了。

感情的交锋，总是不撞南墙不回头。

胡适逃过初劫后，日子便恢复了。而他心中与那女郎的情愫，正如干柴遇上烈火，痒着，念着，燎烧着，难以扑灭，于是仍旧悄悄地通着信，但有一封还是落到了江冬秀手中：

“……我们在这个假期中通信，很要留心，你看是吗？不过我知道你是最谨慎而很会写信的，大概不会有什么要紧……在这里让我喊你一声亲爱的，以后我将规矩地说话了！”

老虎屁股摸不得，她大概无须弄清楚俩人关系到了什么程度，只要明确它的性质就可以对胡适“审判治罪”。江冬秀不管三七二十一，她打开大门就是一顿喧嚣，四合院里左邻右舍都成了听众。胡适毫无招架之力，只是冷得瑟瑟发颤。

她的一把刀，彻底宣判了曹诚英的出局；她的一嗓子，彻底镇住了家里的小兔子。

1925年，胡适在收到曹诚英的“断情书”后，回复词作一首："多谢寄诗来，提起当年旧梦，提起娟娟山月，使我心痛。殷勤说与寄诗人，及早相忘好。莫教迷疑残梦，误了君年少。"

至此，大动干戈的"离婚案件"彻底结束了。江冬秀获得了全胜。从此，天下的女性便有了一套新"三从四得"：

太太出门要跟从，太太命令要服从，太太说错要盲从；

太太化妆要等得，太太生日要记得，太太打骂要忍得，太太花钱要舍得。

一桩婚姻里，欢愉与挣扎并行，甜蜜与痛苦含混，忠诚与背叛交织。

这对初初结合的夫妻，在亦旧亦新的时代，从一开始就尝过了太多复杂的滋味，不得不说，这的确是一种值得考验的经历和感情的积淀。

仿若这对夫妻的相处就是一种本能的应对，而在其中，胡适的温和与忍让，江冬秀的泼辣与干练都令人无限讶异。像一对相互咬合的齿轮，他们找到了最适合的对手，抑或伴侣，最互补，又最默契。

江冬秀在离婚事件中占了上风，在那一圈子教授夫人中，更是立起了邪不压正的标杆。她的大名成了一个符号，她行事果敢，泼辣成风，一副大姐的架势，让在家受气的太太们纷纷前来求教。

梁实秋的原配程季淑，也曾遭离婚之险，于是哭着来找江冬秀："冬秀姐，这日子没法过了，我在梁家这么多年，为他生儿育女，张罗柴米油盐，真是操碎了心，你说我哪里比不得上外面那些整天想着吃喝玩乐的狐狸精？"

"这还得了，妹子你别哭，我来替你做主。"江冬秀看不过去，拍案而起。

且不说，她与程季淑是安徽同乡，理应帮忙，单说这小姐妹的境遇，岂不就是她刚经历过的？再往下想，一旦教授们群起效仿，她这小脚太太当然也得再反抗……是气愤，更是疾恶如仇！她果断挺身而出，为之撑腰，最后闹到上法庭打官司的地步，也愿出庭做证，让梁实秋败诉。

这事当即传遍京城，也让江冬秀名气大噪。倒是夫妻俩之间，常常以此作为笑谈。

当然，更多时候，胡适才是这暴风雨的“沐浴者”。

时为北大校长的蒋梦麟也跟了潮流，要迎娶新妻陶曾谷，胡适受邀去做证婚人。

那晚，胡适在家整装一番：胡子、头发、西服，自己收拾得不亦乐乎。但江冬秀却禁不住怒气冲冲，说什么也不让他去，指着其鼻尖就开了言：“你要去证这个婚，你就别想回来。”

“我亲口答应了呀，我不做证，他们结不成婚。”

“结不成才好，这个婚根本就不该结。”

“哎，人家是离了婚结婚的，又不犯法，怎么就不该结呢？”

“哪有这样的事，离了老的讨小的，个个都这样，这不是黑了天？别人我管不着，我就是不让你去。”

胡适是苦苦恳求，江冬秀是铮铮严词；胡适是道理相劝，江冬秀是正气冒头……

说着说着，只听“吧嗒”一声，门被锁上了，江冬秀到别人家打牌去了。胡适心里苦极了，一个不注意，被堵了出口。眼看着大婚吉时已到，他想从窗口爬出，却如何都不顺利。末了是一个家佣跳进来，托着他的屁股和大腿，一阵费劲儿后，才助他翻出窗子。衣服弄脏也不管了，匆匆忙忙就往婚礼现场赶。

后来，江冬秀对这件事的处理结果是：家佣一天不准吃饭；胡适两天不许回家——堂堂博士只得在办公室打地铺。

琐碎的生活中，她却携着一身的男子气概；五味杂陈的日子里，他倒提出了“容忍比自由更重要”的深刻理论。

强悍中透着温柔

是原配，就做原配的事情。

北大那些年，温文尔雅的胡适教授吸引了不少爱慕者，此类收信一度不断。有一天，江冬秀整理书房时，发现了出自女诗人徐芳之手的“情书”。江冬秀写信给已出任驻美大使的胡适，在信中她谈及此事：“我算算有一个半月没有写信给你了。我有一件很不高兴的事。我这两个月来，拿不起笔来，不过你是知道我的脾气，放不下话的。我这次理信件，里面有几封信，上面写的人名是美的先生（Mr.Charming），此人是哪位妖怪？”

胡适回信说：“谢谢你劝我的话。我可以对你说，那位徐小姐，我两年多只写过一封规劝她的信。你可以放心，我自问不做十分对不住你的事。”

江冬秀根本不管什么曹诚英、韦莲司和徐芳，这些女人对她的挑衅，虽然也让她心烦意乱，但她对胡适有自己的底线：心，可以放飞；身，必须回来。如果越了那底线，她会不依不饶，与之战斗到底。

江冬秀这样彪悍，肯定也需要丈夫的默许。如果胡适一意孤行，就算她自杀，又能挽回什么？

一桩婚姻，女人再貌若天仙，看久了，也不过如此。两个人能够天长地久地相处，还不让丈夫反感自己，并禁得住外面美女如云的考验，能够把丈夫唤回自家的餐桌，江冬秀的“御夫术”值得推广，而她尤懂得节制。

胡适住院，她忙里忙外照顾，撞见曹诚英亲昵在旁，也没有爆发，只是“拉下脸来没理你们”。

他为徐志摩主婚，她抛开对陆小曼的心结，为要面子的他留了面子。

她一直都知道韦莲司，但能够容忍丈夫保有这位遥远的“精神上的伴侣”。

……

诸如此举，李敖给予的解读是：“你看到了江冬秀女士以后，才知道胡适的伟大。”这自然不失为一种赞誉，但江冬秀靠什么坐拥稳稳的幸福，靠什么捍卫婚姻的堡垒？在盛行“换旧纳新”的民国，她如何赢得丈夫的心，最终圆满了一个家庭？

她心思灵秀，强悍中透着温柔。生活中她对丈夫照顾得细致入微，体贴至极。

胡适任驻美大使期间，衣服等均靠江冬秀的邮寄来打点，有天他穿上，竟意外发现口袋里紧装着七副象牙耳挖，他回信说：“只有冬秀才会想到这些。”

还是在美国，胡适与何炳棣一起去办事，美好的午餐过后，两人休整中又点起一支烟，这时，他把领带翻过来给同行的朋友看一个小秘密：下端妥帖地缝有一小拉链，内卷置着一张五元美钞。

他说，这是太太非常仔细的地方，若出门忘了带钱或路遇窃贼，还有这五美元保底，完全可以搭一辆计程车回公寓。

江冬秀知道胡适嗜书如命，便毅然担负起对书的保护的责任。即便抗战时逃难，她也总带着那几十箱书，可见其意。纷乱的战火下，她的努力使他的藏书得以保全。胡适在给夫人的信中说：“北平出来的教书先生，都没有带书。只有我的七十箱书全出来了。这都是你一个人的大功劳。”

她不畏权势，淡泊名利。对丈夫的人生，她眼光独到，自有识见。

1938年，胡适出任驻美国大使，是蒋介石多次电报“逼上梁山”的结果。为此，他在给江冬秀的家书中常流露出深切的无奈，他说：“现在我出来做事，心里常常感觉惭愧，对不住你。你总劝我不要走上政治路上去，这是你在帮助我。若是不明大体的女人，一定巴望男人做大官。你跟我二十年，从不作这样想，所以我们能一同过苦日子。……我颇愧对老妻，这是真心话。”

江冬秀大气得体，仗义疏财，粗中有细，见解独到。对于官场，她有着一种坚定而明确的隔绝。

当听说胡适要出任中央研究院院长时，她写信给他：“我听了狠（很）不好过。”

当蒋介石致函胡适，推举他为国民政府委员。她又再三叮嘱：“千万不可做官。”因为夫人多次的规劝，胡适两次恳切坚辞不就。

江冬秀的态度从来就是：反对丈夫出去做官，力挺他做教书匠。她不但不愿意胡适为官，儿子从政也持同样的反对意见。她致信胡适说：“小三（胡思杜）死没出息，他要学政治，日后做狗官。”

得知这个小脚女人的远见卓识，人们越发感叹她身上的伟大，那是因出奇的不凡而显现的模样。

再来看看胡适对夫人的爱意。

有次，收到朋友从巴黎寄来的十枚硬币，胡适细细端详后，就拿上面“P. T. T.”的字样调侃了起来，他宣称要发起“怕太太协会”，并以此硬币作为会员证，如此仅限十个，想来很有意思。

他们的感情很好，她写来的信件上，尽管错字不少，措辞不当，但他反而更喜欢这份乐趣，并且仍然不忘予以表扬："你这封信写得很好，我念了几段给钱端升、张子缨两位听，他们都说，'胡太太真能干，又有见识'。"

当坚守变成习惯

关于看书，胡适和江冬秀可是各有看法。

他跟朋友讲："我家里的那些书，我太太是不会去看的，我那些哲学和思想，我太太也是不懂的（居留纽约期间，进步到看武侠小说的阶段）。"

她这边说，胡适"是跟死人打交道的（那些书的作者都已作古），家里阴森森，了无生气"。

这二人的组合，因学识差距甚大，精神交流可以说没有土壤，所以胡才子也就不抱什么期待。

但，不期待，才有意外。

江冬秀在她擅长的物质层面给足了胡适支持，他的起居她全权料理，他的物品她尽心保护，年深日久，成了一种坚守。这些坚守于他是需要，是习惯，于是心底的好感渐渐滋生，与日俱增。而在此之外，则颇能给他一些意外的惊喜。

身为白字大王的江冬秀，写信总是直朴朴地只顾表情达意，他看了总是笑意连连。他生病，她的关怀直抵人心：

你前两星期给我的信，你说十三四大概可以动生（身），你叶（叫）我不必写信把你，故我就没有写信把你，但是你到今天也没有回京，也没有写信把我，叶（叫）我这四天心里着急得不得了。还是你又发病了，还是有另（外）的缘故？我日晚挂念和着急。你这一次离京，我没有一天心里不发愁，加只（之）你叶（叫）我盼望和着急，这是怎样说发（法）呢？高先生说你到上海再不能住了，说你这一尚（向）又没有一（以）前的身体好了。我今天听他说你今天不狠（很）好，我心里好比刀割一样。无论如何，我求你见我的信就赶快回京为要。我病了三天了。

今早报上说你因身体不适，进某医院疗养，我看（了后）吓我一大跳！盼望不是大病。但是你要（是）没有几分病，不会住医院，是（使）我很不放心。盼望老天爷开眼，就（让）病好了罢。是不是牙痛病见（现）痛凶了？我只有靠天福保佑你，祝你康健。我实在不能回想（忆）了。你（以前生）一两次的病，大半我都在（你）身边多（“多”字应删去）。回（否）则在国内，信电都方便，现在心想打（发）个电报都不敢（能）。可怜到我们这个地步，做人太难过了。

开门见山，直表心意，想问什么便写什么，一股脑儿下去，真切自然，爱怨俱在，女性特有的柔性也就散落了出来，真是熟谙了真情是最好的告白，而相较于当时那些文绉绉的引经据典，简直是另一番可爱。怪不得胡适曾说：“病中得她书，不满八行纸，全无要紧话，颇使我欢喜。”这样的福祉，他受用了一生。

就在这封慰问信中，她也不讲究婉转，直冲冲地奔向另一个主题：

你的脾气好胜，我一晚不睡觉，望你平身（心）气和，修养修养罢。你的师姐师妹要把我们全全（全家）送掉，也是前世遭击（造孽），现世出这一班宝贝。想开点罢！干（甘、安）心完了。

是的，江冬秀丝毫没有忘记“这一班宝贝”的存在。

但她跟了胡适一辈子，也可以算行遍天涯海角，与之同舟共渡，更称得功德圆满。小脚步伐、家庭主妇，普通的条件，经她融合却显示出了豪迈与卓绝：同海内外名流共持酒杯，抿一口甘涩的红酒，说两句互相都听不懂的话，场面和谐。

江冬秀在照顾胡适的生活之余，还培养了搓麻将的爱好，因技术很好，赢回了不少钱，都可以贴补家用了。她不是围着丈夫团团转的女人，除了烧一手徽州菜、指挥保姆干活，无限制地"战围城"成了她特殊的"职业"：从北平玩到上海，又带至纽约，之后再转战台北，绵延大半生，也轰轰烈烈，而战绩，更可以说战无不胜。

有几年在美国，胡适干做寓公，没有工资可拿，家里境况自然不太好。

江冬秀仍稳守麻将桌，忙得不可开交，有时连家务都是顾不上的，就早早煮一锅茶叶蛋，交代胡适慢慢吃。他并不生气，反而碰到场子凑不起来，怕她生闷气，还到处打电话替她找"麻友"。

这样久了，胡适的老朋友看不惯，说他没出息，妻管严，受一个小脚女人的欺负。江冬秀则直性子上来，说："他一个大教授现在不挣钱，家里一应开销全靠我牌桌上的收入，我不打麻将，他就要饿肚子。"

胡适依然笑而不语，一脸享乐在其中的样子。他丝毫没想过有任何不妥，读书研究就自觉跑去哥大图书馆，也是对她的成全。

后来在台北，他更是想为她专设一个麻将室，帮她成就一个终生癖好。

他付出了这么多，仅为她的欢乐着想，自认为值得。并且，在这方面，他与她倒真的有共同语言——“中研院”现存的十几封家信中就有此类内容：“饭后那几位太太要我把身上带的二百元台币拿出来‘发饷’，要我打四圈牌。我打了四圈，居然一文不输，也一文不赢。过了一天，小报上登出来，说胡适之打牌，手气好，和了一副‘双龙抱珠’。我就不知道什么是‘双龙抱珠’，问起来才知道是你们叫作‘大七对’！其实那晚上我并没有那么一回事。我先输了，最末一个庄，我连了三个庄，最后我自摸‘五门齐’，把输了的钱全收回了。”

唐德刚曾说：“这位福相的、爱打麻将的太太是中国传统旧式婚姻中最后一位‘福人’。”这份福，有胡适的一半功劳。然而，这份福，他又何尝不是受益者？

他曾对秘书胡颂平说：“久而敬之这句话，也可以作夫妇相处的格言。所谓敬，就是尊重。尊重对方的人格，才有永久的幸福。”

只有自己的脚才知道鞋子合不合适。晚年，他曾以过来人的心情，总结他与太太相守四十余年而不离不弃的经验：“我认为爱情是流动的液体，有充分的可塑性，要看人有没有建造和建设的才能。人家是把恋爱谈到了非常彻底后结婚，但过于彻底，就一览无余，没有文章可做了。很可能由于枯燥和乏味，而有陷于破裂的危险。我则是结婚之后，才开始恋爱，我和太太都时时刻刻在爱的尝试里，所以能保持家庭的和乐。”

他们，相互和弦，恩爱有加。

时间是一段感情最好的明证，生活琐碎，道路漫长，太多原料与滋味，而夫妻就是从中披荆斩棘、合多为一的一对侣人。

当胡适在病榻上走完生命的最后一刻时，这一尘美满才画上了幸福的休止符。光阴游移不定，幸在彼此身边。那个比胡适还大一岁相传克夫的“母老虎”，与一代文人留下了让后世传诵的爱情童话……

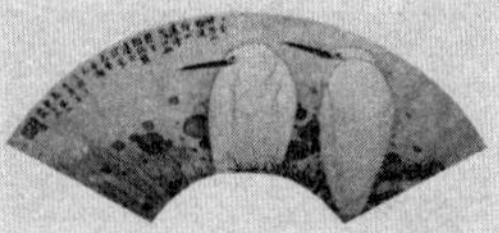

【遇见最好的爱情】

多少人追求轰轰烈烈的爱情，认为它是婚姻的前奏，但殊不知，这是另一门更精深的功课。修炼使然，你若能逢山开路，遇水搭桥，才得圆满。

有一种爱，一念便是一生，于此便成信事，从未向时间屈服。有一种情，心动就是一世，因而即为佳话，不曾经历史褪色。

亦舒有一句话说：人生下来个个都是戏子，非得有个基本观众不可，所以要恋爱。

于是，在于万人之中，遇见你要遇见的人。于千万年之中，时间无涯的荒野里，没有早一步，也没有晚一步。

林觉民与陈意映

刹那即永恒

福州是一座温情的城市，这温情更因它的三坊七巷而显绵远之感。于岁月里，每一道坊都在讲述着自己的历程，每一条巷都在经走着自己的年轮，每一堵门墙都在演绎着自己的故事。其中，杨桥巷最是深幽，它因古时桥畔杨柳盛长而得名。

走近时，繁华如影。一幢朱门灰瓦的院落前，“林觉民故居”几个镶金大字在黑底的映衬下，显得更为正气。遥听历史的回音，一昼夜的黄花岗起义，让眼前的老屋失去了它年轻的主人，再看那被翠竹与绿茵簇拥着的林觉民塑像，仍显英气逼人与豪迈。

他就义已逝，留下了身怀六甲的娇妻陈意映，留下了一两信笺，留下了教科书上人人阅之感怀、听之动容的《与妻书》：

“意映卿卿如晤：吾今以此书与汝永别矣！……”

伊人一闻语，实已阴阳两隔。

时空的撕裂感，恍若一段连卷的胶片搁浅在我脑海，情缘魂梦相系，那美丽的爱情，穿越了百年而来，绕上我的心头，流于我的笔尖。

与君初相识，犹如故人归

少年不望万户侯。

当十三岁的林觉民，在科举童子试的考场上，潇洒地写下这七个大字后便扬长而去时，父亲林孝颖望子成龙——进士及第、光宗耀祖的夙愿，显然少不了曲折。

林孝颖这位诗文饱学之士，很得溥仪之师陈宝琛的赏识，当受聘为全闽大学堂的国文教师后，他便迫不及待地让儿子进入了这所新式学堂学习，希望在身边对之教养。

“中国非革命无以自强”——难想这是年纪轻轻的林觉民立下的誓志，并且，他的确也这样做了。大量阅读进步书刊以丰富思想情怀，还给自己取号“抖飞”“天外生”。热血男儿是那般渴望展翅高飞，拼打出自己的一方天地。

而父亲，看着昔日的懵懂少儿成长为进步青年，心生骄喜，却不免忧大于喜。

他不愿意儿子过早踏险，走得太决绝，更不敢想日后白发人送黑发人的局面……当这样的担心日渐深重时，他思量着，若儿子身边有个女人，大概会消减些报国之志吧。

于是，林孝颖做出了一个决定——让林觉民娶妻成家。

他不会料到这个决定竟然成就了一桩流传至今的爱情佳话。

1905年，十八岁的林觉民迎娶了比他小一岁的陈意映。

红盖头下，是陌生的连理，是成人的纪念，是情窦的涟漪，更是父亲的爱子之心。

这女子，身为当地大户陈元凯之女，属名门闺秀，与陈宝琛、曾任清代刑部尚书的陈若霖同宗——林孝颖所选果然不同凡响。更何况，这书香门第、世家望族中走出的女子，不仅知书达理，还通晓文墨。

爱情，就这样清清浅浅地开始了。

婚姻的殿堂是外人看花赏月般的隆重，洞房花烛之夜，一对新人才真正见面。所幸，林觉民与陈意映，一见钟情，爱由心生。好奇与忐忑，在两颗太过年轻的心灵相撞的那一刻，埋下了似曾相识的种子。眼神交汇，各自含羞一躲，幸福生活的基调终于落定了。

杨桥巷十七号，林家大宅里一座二层的精致小楼，寓比翼双飞之意，故称双栖楼。楼前陈意映亲手种植夫君最欢喜的两种花——芭蕉和梅花，一片繁盛妍艳。内屋颇显清贫，只一铺床、一张桌和两把椅子，倒是朴素、整洁之极。陈意映对这般简单的雅致十分满足，加之身旁有林觉民这样英俊潇洒、才志冲天的男子，她更分外喜幸。

新婚的赏悦，自是日日上演。

小夫妻俩携手并肩着，或在楼上甜蜜私语、吟诗作对；或在院中赏花散步、嬉笑颜颜，感情实在说不出的和谐美满。

——“初婚三四个月，适冬之望日前后，窗外疏梅筛月影，依稀掩映，吾与汝并肩携手，低低切切，何事不语，何情不诉？”

不得不说，林觉民是感谢他的父亲的。

他在跟随父亲入读福建最早的一所新式学堂后，不仅如饥似渴地补充了新的知识，而且还培养了领导者的气度与风范，发起过几次学潮，并以思辨之才而闻名全校。

他自办了一所私立小学，专门招收家境清寒的子弟，予之福利，对之传授西方学说；他创设了一个阅报所，《苏报》《警世钟》《汉书》等进步书刊都被集结入内，为的是能唤醒更多沉睡的灵魂。

当然，各种演讲中也少不了林觉民的身影。口才极佳的他，有着一颗拳拳热切的爱国之心，因此演讲中往往慷慨激昂，一身凛然。在一次题为《挽救垂危之中国》的演说中，他拍案捶胸，壮怀激烈，令在场所有听众无不热血沸腾。曾有人赞叹曰：“亡大清者，必此辈也！”

如此青年，原就是可造之才。现今，他的生活又被安插进一位可人儿。他如何想得到，父亲为自己挑选的妻子，竟是这般深明大义。

她与他的默契相谐，并不仅限于唱和几首诗词而已，最难能可贵的是她对丈夫的志向和抱负不但表示理解支持，而且尽自己所能去协助他。

林觉民在外传播西学新思想，陈意映就配合他在家中开办了一所“家庭妇女学校”。她不仅自己参加，还动员堂嫂、堂小姑等女性亲属一起入学。家中的小楼里，一室女眷认认真真地修起了国学，习得了“革命”“自由”“民主”等新奇的学问。听闻着裹足对女子的压迫与束缚，欣羡着西方男女平等的制度与风气，她们皆以实际行动来展示学习成果——接连放了小脚，顺应了当时的新风潮。

而陈意映还进入福州女子师范学堂，成了该校第一届毕业生。

初婚的佳侣，心心相印。

他对她满意有加：脾性相合，善解人意，兼有内助之贤；她对他称心相待：温润有余，体贴呵护，并且志同道合，紧步跟随。

有一天傍晚，林觉民和陈意映在楼上闲谈。

“我希望将来你比我先死。”

他忽然这般郑重出语，她闻言顿时伤心又生气，他连忙解释道：“我是想着如果我先死，以你孱弱的身体恐怕难以承受这种悲伤，所以还不如你先我而去，所有的悲痛都由我来独自承担。”

听到这样一番解释，她感动得热泪盈眶。而她对林觉民的誓言，是早就言说过的。

结婚一个月时，林觉民为赴革命，曾留书出走，闻得父亲因遍寻不见而心急如焚，他于心不忍，三天后悄然归家。那次，新婚妻子陈意映对他说：“望今后有远行，必以告妾，妾愿随君行。”

无怪责，无哭闹，只温和一句——愿随君行，大概就表明全部心意了。

爱长久，分别不减情意浓

你侬我侬的甜蜜还笼罩着一对新婚夫妇，生死诺言的感动还盘旋于二人的心房之上，林觉民却决定此时东渡日本自费留学。

年迈的林孝颖对于儿子的“离经叛道”是始终明晓的，婚姻的缔结没有拴住这个有志男儿的报国心，他该是喜还是忧？尽管囊中羞涩，他还是毅然支持了儿子的选择。也许，儿子真的如大鹏一样……沉思中，他想起全闵大学堂校长的叶肖韩说过的话：“是儿不凡，曷少宽假，以养其浩然之气。”

1907年，林觉民专攻日语，次年转入应庆义塾大学学习哲学，兼修英语、德语。因为学业进展顺利，他的家信也就有了不少可圈可点的喜讯。来往的传书中，父亲多是简明、朴素的嘱咐，而他与陈意映的信笺则如旧温情，乘着纸张与邮戳，她向他报告自己著写《红楼梦》人物诗的进展，末了落款总是署着“双栖楼主”几个字，她从没想过他会令自己失望；而他在异国之地，亦有记写两人缱绻情感生活的文章《原爱》，其中说：“吾妻性癖好尚，与君绝同，天真烂漫真女子也。”

这样的妻子，他又怎可辜负？

热血男儿，毫无后顾之忧，他当然一心奔着革命往前冲。日本，恰是当时中国的爱国志士们聚集的中心，同盟会在东京成立后，他更是积极参与活动，成为福建分会的骨干成员，并因此经常于日本和中国香港、福州、广州各地秘密奔走。

国内的父亲平日留心听询同盟会的消息，自是十分忧虑，常写信劝儿子退出，说太危险。林觉民回复：“大人所不安者，恐儿学非所用，将有杀身之祸，今习文科，文科主心理、伦理诸学，岂有学心理、伦理之人而得祸者。”以此敷衍过去。

实际情况当然并不只是如此。他翻译了一部《六国宪法论》，还写出了《驳康有为物质救国论》。他反对君主立宪，主张革命，实行共和——这些，陈意映都是至为熟稔的。

她虽是在深闺大院中娇生惯养长大的女子，却并无一丝怯懦和娇气。她常听他讲述当前的政局形势，尤其是那一篇篇著论，更是让她感到丈夫所做的事情有着非同寻常的崇高意义。她深深地理解他、信任他、支持他。

她设想着他奋笔直书，锋芒毕露；她思恋着他英气豪迈，凛然正气；她盼望着他假期归来，随他而行。这仿佛也是因他而滋生的一种瘾。

每次林觉民从日本回到福州参加同盟会支部会议之时，都会带陈意映同去。夫妻俩装作去郊外游玩或者去寺庙烧香的样子，到了会议地点，她便在外守候，给里面开会的英雄们望风。并且，福州第一面象征着“驱除鞑虏，恢复中华”革命决心的“铁血十八星旗”，就是由陈意映和几位同盟会会员的妻子们共同绣制而成的。

她是开明的，但还不是秋瑾式的大女子——参加革命自是危机重重，稍有不慎就会招致杀身之祸，所以，紧身相随于她亦是一份真正的安心，至少她能够守护他的安全。这又是一种幸福。

然而，当林觉民奔走外地，她不便时时相依，就默默地为之打点好行装，忍着心中的忧虑和不舍。她当然知道丈夫去做的，是为所有血脉同胞谋利的大事，所以从未阻拦或挽留过他，一如既往。

适逢他的革命事业关键期，国内起义失败的消息时有传来，中国留学生们痛心不已，常常抱头哀哭。不觉间，一股消极颓靡的情绪蔓延开来。在一次聚会上，林觉民终于忍不住愤言：“中国危在旦夕，大丈夫当以死报国，哭泣有什么用？我们既然以革命者自许，就应当仗剑而起，同心协力解决根本问题。这样，危如累卵的局面或许还可以挽救。凡是有血气的人，谁能忍受亡国的惨痛！”

“意洞（林觉民的字）来，天赞我也！运筹帷幄，何可一日无君。”

1911年春天，林觉民受同盟会在港统筹部副部长黄兴之委托，回到了家乡。他的任务是游说福建革命党人响应广州起义。

但面对家人时，他假说学校放了樱花假。

那的确是樱花的季节，一年一次。盛开的时候灿烂，凋落的时候果断。

一路风尘仆仆，他心中未尝不是思绪万千，而妻子面对着突然归来的丈夫，却真是又惊又喜。

但很快，林觉民日日奔走的身影，冲淡了这归家的欢乐。他的表情常是带些凝重的，亦比往昔寡言少语。

餐桌上，父亲从其深邃的目光和匆忙的举动中觉察到了一丝不寻常，知子莫若父，但他并未点破——即使说破了又有什么用呢？他就是再担心儿子的安危，也无法阻止儿子投身革命的心，还不如装装糊涂，成全了儿子的一片孝心。

灯盏下，陈意映看着只有在夜里才能双双对坐的丈夫，心中隐约牵带出不安，她虽亦有不悦，但终并无怨言。一方面，对她来说，有理想肯追求的丈夫才是她最欣赏的；另一方面，从知道他加入同盟会的那一天起，她便已明白，他再也不是只属于自己一个人的了。

他的一脸倦色，让她更有忧虑；而她的悉心照顾，让他满怀歉疚。

他知道自己马上就要去完成一件大事。这件事是否能够做得成功，他没有把握，甚至能否活着回来，他也不知道。也许，这一趟，就是他和亲人最后的团聚了。他又何尝不想如前几次，对妻全盘托出，跟她作别……只是想到那一刻，再眼见身怀八个月身孕的妻子，担心她无法承受，他便始终开不了口。

夜凉如水，他一个人对月独酌，神情凄苦怅然。

其实，林觉民并非铁心要瞒着陈意映，他甚至打算请她来协助自己。

为解决革命起义的武器来源，林觉民召集人马自己指导并动手制造炸药。但炸药准备妥当时，运输问题又迫在眉睫。他暗下一想，计上心来：把炸药装进棺材，然后由一个女人扮成寡妇以哭丧作掩护，护送去香港。林觉民本想由妻子来执行这一任务一定最有意义，但当时她已怀着他们的第二个孩子，无法成行……

——“前十余日回家，即欲乘便以此行之事语汝，及与汝相对，又不能启口，且以汝有身也，更恐不胜悲，故惟日日呼酒买醉。嗟夫！当时余心之悲，盖不能以寸管形容之。”

1911年4月的一天，林觉民对妻子说：“我去趟香港就回来。”

陈意映料想不到，这一次的分离竟成永别。

谁愿意做这般料想呢？

一寸渴望一寸忧

林觉民曾说：“吾辈此举，事必败，身必死，然吾辈身死之日，距光复期必不远矣。”

他还说：“今日同胞非不知革命为救国之手段，特畏首畏尾未能断绝家庭情爱耳。”

他想以一己之身，感召国人，舍其性命，在所不惜。

1911年4月中旬，起义的志愿军陆续从各地赴港复命。林觉民一趟趟地往来于香港与广州之间，负责人员护送工作。23日，黄兴潜入广州主持起义工作，后因出了内奸，他只得临时改定起义发动时间为27日，同时，进攻计划也由原定的十路改为四路。但真正行动时，其余三路的领导人借故逃避，实际参与的仅有总指挥黄兴率领的一路队伍。

正如林觉民所言，这是一场知其不可而为之的起义。

27日下午近黄昏时，广州街头涌出了一批青年队伍，他们臂缠白巾，脚穿黑胶鞋，手拿武器，浩浩荡荡赶往总督署。这阵势，坚定而磅礴，让那两广总督张鸣岐闻风丧胆，逃散而走。起义者擎火怒烧总督署后凛然冲出，行至东辕门时，与清水师提督李准亲率的卫队相向对峙。

在激烈的巷战中，起义军怒目而视，愤然抵抗。林觉民到处挂彩，腰部被一颗流弹击中，弄得满身是血，终力竭被俘。英勇与豪迈，正气与悲壮，皆在一场硝烟散尽的速战速决中，各见了分晓。而林觉民被暂时拖带进了总督衙门。

他枷锁缠身，铁链绕踝，遍体鳞伤。两广总督张鸣岐和水师提督李准亲自对之审讯。林觉民因不会广东话，加之当时的广东官员中很多人懂英语，于是改用英语作答。后来，他索性席地而坐，侃侃而谈，世界形势、革命道理、清吏暴政、共和政体，他都一一论及："死有何惧，我等莽撞书生奋起一击，偌大一个广州城，如入无人之境，唤醒亿万炎黄胄裔，两广必为之一振，天下必为之一振。从此，朝廷兵马不足道，天子枉法不足惧，虽头断血流，暴尸街头，但华夏大地少了一干英杰，黄泉路上多了一群鬼雄。我等一死，死得其所，血洒神州，快哉快哉！"

是的，家与国之间，他选择了国；笔耕与枪战之间，他选择了为国而枪战，而牺牲，只因一句：良心未泯，国事不平，何以为家？死有何惧？

大堂之上，林觉民越发激愤，他的一腔救国情怀，至此都崇高，并无畏着。

这的确是一位了不得之人，连李准都不禁对之感佩几分，他下令给林觉民去掉镣铐，并搬来椅子让其坐下讲。之后，因虚弱难撑，林觉民便向李准要了纸笔，在书写第二张时，他情绪激烈，以手捶胸，想要呕吐。李准亲捧痰盂到林觉民面前，林觉民起身道谢。

"惜哉！这人面貌如玉，肝肠如铁，心地如雪，真奇男子也。"在场的一个幕僚见此，不觉间如是感叹。但张鸣岐立即板起脸孔："好人才留给革命党，为虎添翼，那还了得？"话未毕，提笔，令已下：杀无赦！

——后来的林觉民长眠于黄花岗。黄花岗烈士殉难一周年之后，孙中山在一篇祭文之中流露了不尽的悲怆之情：

“寂寂黄花，离离宿草；出师未捷，埋恨千古。”

当临刑前三天，林觉民水米未进时，林家大宅里，照例是一片沉默的忐忑；

当他面不改色，大笑道“吾今日登仙矣”，后引颈就戮时，陈意映体中的胎儿正如常孕育着；

当牺牲的消息传来时，在广州供职的岳父陈元凯便火速给女儿去信，但又不敢直言相告已死的噩耗，只嘱咐让她赶紧带着林家大小逃命，以防全家株连。

这位曾经的闺秀小姐，如今踉跄着，一步一回头离开她和丈夫的家，泪却不敢挂到脸上。

春天万物生机一片兴发之中，林家大小七口人将祖屋匆匆卖掉，然后仓皇搬家，那是1911年的哀恸。

落脚的避居之处，在福州光禄坊早题巷。

密集的枪声炮火早已在广州的天空四散全无，刽子手高举的利刃早已收归到了官府衙内，革命同仁为了玉石俱焚的悲壮而哀恸万分的长音早已隐匿进历史的隧道……唯独那陈意映还牵着长子依新的手，在僻屋里，默然祈盼着。

她以为丈夫仍在狱中受难，因而焦心不已；

她依然每天坐在窗前向远处眺望，或等讯，或盼归；

她时时揣度，一寸渴望一寸忧——但愿获得的尽是好消息。

然而这一回——可怜无定河边骨，犹是春闺梦里人。

音讯杳然，无从告慰啊。她只得痴痴地一等，再等，亦顾盼亦希望。

肝肠寸断两相照

风雨交集的夜晚，门闩不时地被打得发出声响。但老天的玩笑，陈意映依然谨心听之，她翘首于灯下，隔一会儿便唤人去大门外瞧瞧。某一个空当儿，不知是谁冒着风险将一只小包裹塞进了门缝。

纵然是万顷渴盼，当结局终要揭开的时候，她需要承担的即是那早就写定的悲痛。

那包裹中，装有两封家信，一封是写给父亲林孝颖的《禀父书》：

不孝儿觉民叩禀：

父亲大人，儿死矣，惟累大人吃苦，弟妹缺衣食耳。然大有补于全国同胞也。大罪乞恕之。

短短几句，尽是忠孝不能两全的无奈与悲哀；寥寥自语，为父又如何不能解。

另一封，是写给陈意映的《与妻书》，一帕方巾在掌，她与林觉民之间只剩下了冰凉的手书。抬头却仍是那热切的唤名——

意映卿卿如晤：

吾作此书时，尚是世中一人；汝看此书时，吾已成为阴间一鬼。

吾作此书，泪珠和笔墨齐下，不能竟书而欲搁笔，又恐汝不察吾衷，谓吾忍舍汝而死，谓吾不知汝之不欲吾死也，故遂忍悲为汝言之。吾至爱汝，即此爱汝一念，使吾勇于就死也。吾自遇汝以来，常愿天下有情人都成眷属……吾真真不能忘汝也！……嗟夫！巾短情长，所未尽者，尚有万千，汝可摸拟得之。吾今不能见汝矣！汝不能舍吾，其时时于梦中得我乎？一恸！

辛未三月廿六日夜四鼓，意洞手书

一个意洞，一个意映，如今肝肠寸断两相照，天人永隔，生死成界。

经读数遍，卷张滑落，昏倒在地，几欲自绝。

她不肯相信那个豪情万丈、有血有肉的男人就这样离自己而去了。

她在心里一遍遍地问：谁给你的权利让你就这样离去，谁把我无止境的付出都化成纸上的一个名字？

她想起那句——愿随君行。爱未尽，人先去，这是世间难以抚平的痛，不如……

为了安慰陈意映，为了保住她腹中的孩子，林家把林觉民哥哥的一个女儿过继过来。这个女孩叫林暖苏，非常乖巧可人。她的到来，让陈意映的心多少有了一些暖意。

林觉民死去不足一个月，陈意映早产，生下遗腹子林仲新。当听到婴儿的哭声时，她忍不住涕泪横流。

两年后，这个痴情女子，终因不能忍受失去丈夫的悲痛，郁悒而终，追随林觉民去了。

一段传世之恋，终在那一方巾绢上落成了永恒。

几十年过后，歌手童安格演唱歌曲《诀别》。

夜冷清，

独饮千言万语。

难舍弃，

思国心情。

灯欲尽，

独锁千愁万绪。

言难启，

诀别吾妻。

烽火泪，

滴尽相思意。

情缘魂梦相系，

方寸心，

只愿天下情侣，

不再有泪如你。

字字珍重，句句难诀。

那天晚上，林觉民宿于香港滨江楼上，独挑夜灯，涕泪满襟，直至天亮。仿若在这一卷家书上，回忆了一生喜幸；仿若在这深深笔墨下，倾尽了一生衷情。愈写愈痛，愈念愈醒。

可是，要把一生的缠绵悱恻在小小的一帕方巾里书写完毕，就算把这手帕拆开用尽它的丝丝缕缕又怎么能够？那一长夜，生离死别只有自知，愈知愈伤，愈伤愈苦，且尚有许多未知，那是怎样的感受？

无奈，红日隆上，他拿着书信嘱托友人说："我死，幸为转达。"

陈意映靠在自家的大门上，遥遥等待，不免泪眼婆娑，丈夫远去的身影正越来越小、越来越模糊，心乱如麻，频频搅扰。街市的热闹，一如往常，商家的吆喝声、行人的说笑声经她耳畔却又瞬即消尽于空气中，这些与她已毫无关系了。

“此去经年，应是良辰美景虚设，便纵有千种风情，更与何人说。”柳永的词句是否浮到她的唇边过？

齐豫唱过一首《觉（遥寄林觉民）》，大概可以反映陈意映心中思绪。

觉，
当我看见你的信，
我竟然相信，
刹那即永恒。
再多的难舍和舍得，
有时候不得不舍。
觉，
当我回首我的梦，
我不得不相信，
刹那即永恒。
再难的追寻和遗弃，
有时候不得不弃。
爱不在开始，
却只能停在开始。
把缱绻了一时，
当作被爱了一世。
你的不得不舍和遗弃，
都是守真情的坚持，
我留守着数不完的夜和载沉载浮的凌迟。
……
如今，
当我寂寞那么真，

我还是得相信，
刹那能永恒。
再苦的甜蜜和道理，
有时候不得不理。

丈夫死了，泪水浸泡了她余下的所有时光。

她亦逝去，后人只得一遍遍纪念着演绎，不单是歌曲，电影《碧血黄花》《百年情书》相继上映。然而，年轻的生命，终究是完成了“刹那即永恒”的隽永誓言。

他永远二十四岁，永远停在四鼓时分，写着那封诀别的信。

而她，也长久地活在了那一笺《与妻书》上。

[遇见最好的爱情]

爱，是一件令人惊奇的事情。

遇上了，饮食男女之间便要开启化学反应。一场遇见，便是一生洗也洗不尽的春色，花花草草，山山水水，折射着一生的姻缘。一次携手，便是一世安稳。

有一种爱情，建设在需要的基础之上，一方血气方刚，一方娇婉动人，大概放到现在便是你负责挣钱养家，我负责貌美如花。感情的天平中，永远要找到一条彼此合适而绝对匹配的准则，它因此可以叫作信仰，也可以换名为默契。

有时天作合，有时人遂愿。

徐悲鸿与孙多慈

慈悲之恋无慈悲

一个是随性自由的艺术家，一个是高门大户出身的千金小姐——唯美与浪漫必然只能是爱情的前奏。当落入现实的窠臼中，他们从相识相爱，到孩子出世，经过十五个年轮的更替，如火的激情被湮没了，如蜜的亲昵被冲淡了，如月的生活也被淘洗了。

就在这感情的土壤贫瘠之际，孙多慈带着她烂漫的倩影、青春的微笑，如一颗新生的种子，靠近了他。他心上的石头，似也裂出了一条窄窄的细缝，不知道是要迎接她的到来，还是因为她的出现而凭空生出。

徐悲鸿甚至感到整个人生都被她照亮了。说不上是阴差阳错还是故作巧合，但他认定这是一种天意。

但是，爱是要付出代价的。对于他这样已经历过传奇婚恋的名人，当真有必要再来一次惊动？他不怕世俗，但如今也在世俗的打磨中，多了些微的审慎。

一个是现实的伴侣，是利益的桎梏；一个是浪漫的对象，是理想的天堂。如何取舍，徐悲鸿真的难做决定。

惊鸿一瞥，心有悸动

当看到高硕的四根方形立柱擎起了“国立中央大学”几个大字时，孙多慈向上仰视着，仿佛对梦想的敬畏与对学业的憧憬，才开始有了着落。盘旋着绵绵无尽，缠结着遥遥无期。多少年后，当孙多慈从记忆深处反复咂摸这一细节时，她最终明白，冥冥之中，那是爱情对她的呼唤。

1903年，孙多慈到南京报考国立中央大学。

临行前，父亲孙传瑗怜惜着说要陪女儿同去，但孙多慈坚决不同意，认为该是她独当一面的时候了，何况父亲给自己的庇佑已经太多。正如她所料，父亲虽答应了让她一个人前去，但几乎同时，还是向女儿递来一封信，信封上款款地写着收件人：南京国立中央大学文学院哲学系宗白华教授。

半个月后，孙多慈来到了宗白华的办公室。对眼前这位安徽同乡的到访，宗白华很是热情，尤在启信后，得知是故交孙传瑗的女儿，更生出了许多爱怜之意。

“可惜了，可惜了，如果不是你爸爸出事，考到我们大学来，会有什么问题！”又说，“去年暑假到安庆，见到了你们女中校长，说到你，一口一个‘好’字！”

孙多慈害羞地谢过长辈的夸赞，接着一并说明了来意，想请他帮忙引见潘玉良。

正当她忐忑地等待回应之时，耳朵里忽然就飘进了一个名字，原来宗白华诚实表示，他与潘玉良不太熟，不过倒愿意竭诚推荐她直接跟徐悲鸿教授学习，这才是到艺术专修科旁听的最好选择。而且凭宗白华与徐悲鸿的交情，这又是他可以打包票能办成的事。

“你是说徐悲鸿……不会吧？他那么大名气的画家，能收我？”

孙多慈一双眼睛睁得老大，稚气未脱的少女全然一副吃惊状，惹得宗白华笑了起来。谁都不会知道，这突如其来的机会，对她来说意味着什么……

第二天上午，宗白华带着孙多慈，来到徐悲鸿画室。

门正巧打开着，主人正在作画，几近完成。只见宣纸上，三五根青竹颜色蕴藉传神，两三块残石形状巧中带韵，傲立在一旁的，是一只栩栩如生的大公鸡。徐悲鸿的背身，看上去专注极了，他左手撑腰，右手高高提着毛笔，正凝神思忖着往画上题什么字。见宗白华悄悄进来，并不搭理，直到题款有了成文，他微露笑色，“刷刷刷”落下两行字：“风雨如晦，鸡鸣不已，既见君子，云何不喜，惜未见也。”

反复端详几番，十分满意，又极其痛快地补上“庚午夏日悲鸿”六个大字。接着，他把笔一甩，不带任何招呼地朝宗白华扬扬手：“既然白华兄来了，给评价一下，怎么样？”

老朋友对话，向来毫不客气：“既见君子，云何不喜，惜未见也。什么话，狗屁不通！”

“你一个美学大教授，连‘狗屁’……”说着，不经意一抬眼，便看见了宗白华身后的那个女孩子，见她多少有些来到生疏之地的羞怯，他后边的话生生收了回去，而改问：“这就是想来旁听的学生？”

“我这个安庆小老乡，你收也得收，不收也得收！”

“你老兄是美学教授，推荐学生来旁听西画，我敢有什么意见？”

徐悲鸿上下打量了一下面前的孙多慈，停顿了几秒，就向她问："以前画过些什么作品？"

这是他对她说的第一句话，当时的少女，只在这位艺术的大师面前尽显她的虔诚与渺小。她还没想好怎么以言语对答，只能先把特意准备的、自认为佳品的一些习作递了过去，她依旧小心而用力地思考着。不想，徐悲鸿随手翻了翻，就把它们丢到一边了，又向她发问了第二句："过去拜过什么老师没有？"

"安庆有个画家，叫阎松父，跟他学过一阵子。"孙多慈犹豫了半天，终于挤出了答话，她声音很小，而后想了想，又补充道，"北平画家萧谦中到我们家时，也给他看过。"

"西画和国画路子不一样。以后再说吧，也许能学得出来。听说你是报考中国文学系没有录取，才改主意来我们艺术专修科旁听的？"

孙多慈一听徐悲鸿的话头，本就胆怯的性子更觉得受了打击，她认真听了大师的指教，一时浇灭了些希望，以至于他转了话题，问及别的时，她迟钝了好一会儿，才点了点头，做出反应。

好似那一问就是一劫。而她总得多花些力气才能勉强应对。同时，她也希望这对话的节奏可以慢一点，但偏偏越不想什么就越来什么。

"这不好，这把我们艺术专修科放到什么位置上了，是其他系的残羹剩饭？"

孙多慈低着头，她看不到他的表情，却知道此刻自己的脸涨得通红，她也不能准确揣摩他的语气，终于一个字也没能应答出口。

但徐悲鸿将这一切尽收眼底，他爽朗地笑了起来，并说："到底是孩子，一句玩笑话就当真了。放心，没有事的，我要是真生气，还会答应你吗？"随即又向宗白华嚷道："你看你这个小老乡，多大出息，进来这么长时间了，连正眼都不敢看我！”

孙多慈确实不敢抬眼和徐悲鸿直视。不知道在后来的日子里，她记不记得将这第一次谋面，作为他们结缘的开端。

那年初秋，十八岁的孙多慈，带着深彻的惶惑与兴奋，还有些淡淡的刺激的心情，开始了她在国立中央大学的追梦之旅。

大约一个多月后，徐悲鸿带领西画组的学生们前往栖霞乡村师范学校进行参观并做演讲。孙多慈也在随行队列中。因为城郊的路不太好走，这位穿高跟鞋的女生明显落后了许多，徐悲鸿注意到了这一细节，便特意站住，等她赶上来。

“看来你的生活经验不足，走这样的远路，就应该穿平底鞋。怎么样，脚有些痛吧？”

孙多慈抬眼淡淡一笑，脸上泛起一团红晕。

“没有，也还好。”她想想，又补了一句，“谢谢徐先生。”

徐悲鸿本想随意地与她谈笑几句，也算解了这个学生每次见到他的紧张与羞怯。但当他的眼光与孙多慈对视的那一刻，却没来由霍地一阵钻心，接着是漾开的一丝心动。这个看上去清纯简单的灼灼少女，一双眼睛似能盛满无尽的忧郁，不免让人想去轻轻触碰，深深怜爱。

他忍不住再定睛几秒，只见那忧郁，不是造作之故意，也不带矫揉之虚饰，却有如一扇明净的窗口，一颗晶亮的琉璃，透过它，她心湖的一切便清澈见底。多是因为有一双画家的眼睛，多是因为有一份专业的敏感，他迅疾地抓住了这一瞬间：虽不明了面前这位少女，过去经历了什么，现在正发生什么，将来还期待什么，却知道她的身上肯定有说不尽道不完的故事。

是希望，是光明的前景，还有……徐悲鸿此间的思想多丰富，目光就有多坚定。

孙多慈却被这意味不明的目光震慑住了，她只觉得尴尬，不再像之前一样感到害怕不已或张皇想逃，她着实想说什么打破，又不知该说什么……不觉间一移脚，差点打了个趔趄，幸好徐悲鸿伸手扶住了她。

嘘，这一时无声或更好，身临曲折婉幽的自然天地间，又正值秋日黄昏，这简单的殊遇就已是恰如其分的美好。若定格，便只剩喜悦。

后来在学校礼堂做文艺演讲，徐悲鸿显得特别有激情。他的发言抑扬顿挫，满腔慷慨，末了还不忘大笑几声。

学生们跟着笑了，但显然至真的艺术热情都被激发起来了，震天响的掌声几近拥戴之势。孙多慈在人群中也随大家站起身来，她明亮的眼眸里充盈着对之满溢的赞誉，还有一点亲近。

他毫不含糊地接收到了这一讯号，本以为要经一番搜索才得辨认，却不想竟这般显目，他在台上，当然这也是一种优势。他一眼即找到了她，不知为什么，那一瞬间，他居然有一种从未有过的得意。

惊鸿一瞥，心有悸动——大概就是这样吧。

接下来的素描教学中，徐悲鸿对于孙多慈这一待开凿的宝藏显然投放了较先前更多的注意力。果然，连续观察几天后，他发现自己必须重新审视这位女学生。

单从画技来看，孙多慈的确是班上基础最差的一个，但只经过近两个月的学习，她的素描水平进步就非常快，且全无急功近利之态，反倒颇耐端详，整体已够得中游偏上的水平。徐悲鸿暗暗吃惊，却也欢喜，这个温柔而宁静的女孩，竟有如此之高的悟性和巨大的发展潜力。

这之后，徐悲鸿对孙多慈关注得越来越多，变成一种习惯。久而久之，他也少不了私心暗想，还会发出质问的声音：难道自己对这位妙龄少女产生了师生之外的感情？但她几乎可以做他的女儿……

时间开始奔跑起来了。

因为爱才之心，他给予她更多指导；因为敬畏之情，她对于他的盛意自然不敢怠慢。

孙多慈天天往徐悲鸿的画室跑。那是在国立中央大学东北角的一处房子，仅一道围墙的竖立，就将外边成贤街的纷繁阻隔不少，徒留一点隐隐的声音热闹，倒也惬意。画室分里外两大间，其中外间是徐悲鸿作画的地方，那大玻璃天窗，近乎专为艺术灵感的孕育而开，里面一间略小，他将之作为藏书室。

徐悲鸿为这熟稔的访客做了必要的“待客”准备。他在画室开始备上一两盘水果：或水灵的葡萄，或香甜的苹果，或新鲜的柿子，总是日日添足或直接另换新的。孙多慈坐在他的对面，也很随意，近距离的相处果然将原先所有的畏怯冲散殆尽，她做回了灵动少女本来的样子。

而大部分时间，她都是老师的画中人，偶尔也是看画人。一个个宁静而闲适的下午时光，就在心神默契的氛围中悄然流过，那间普通的画室也弥散着一种柔和梦幻的空气。

她在他面前，越发无邪，俨然变作了一个自由活泼的精灵。

时日过得自然，两人皆觉善好，天天相对，时时谈画，各有享乐，但也各无心思。所以，当徐悲鸿向孙多慈发出邀请，要她陪他去附近的台城写生时，孙多慈不假思索地欣然答应了。她大概觉得这和在画室没什么两样，又或者什么都没多想就跟着去了。毕竟她是那样一个天性纯纯的女孩。

这是刚踏入12月，初冬的日子，微风。在山下时，天明亮显白，太阳还微露温暖的脸色，但过北极阁，沿着山麓往上爬的过程中，便觉出了寒意，不一会儿还依稀有雨丝飘了下来。

徐悲鸿与孙多慈两人并行着，一路上铺满地的落叶在脚下顽皮又似受了疼痛般地“沙沙”作响，也增加了一份趣味。若遇窄处，徐悲鸿便绅士地先上前几步，把疯长的树枝拨拢住以开出路来，孙多慈机灵地钻一下，他再快步跟上。当两人终于立在台城之顶时，身子完全顾不得气喘吁吁的倦意，眼前的开阔天地给了他们莫大的满足与美感。

东望，远处的钟山，群峦绵延，龙蟠苍翠。

北眺，茫茫玄武湖，十里烟柳，水天一色。

徐悲鸿这两句的脱口而出，竟改写了前一秒的欢喜气氛。听着这略带颓废之情的感发，不知为什么，孙多慈突然想念起父亲。偏偏此时，鸡鸣寺的古刹钟声从山下传来，由远及近，荡荡悠悠，渐如一个气场降临，且迟迟不肯散去。徐悲鸿自然注意到了她情绪的变化，眼见着她泪水夺眶而出，顺两腮“扑簌簌”流下来，心里禁不住怜爱，同时也觉得美人甚美。

孙多慈坦陈家庭变故——她的父亲曾在孙传芳手下任职，本是一位坚定的爱国斗士，然而在黑暗复杂的官场旋涡中遭遇灾祸，一度被捕入狱。出狱后又北上密谋政治运动，数年音信全无。她虽还有两个兄弟，但父亲逢人便称自己“平生爱女胜爱男”，将自己捧为掌上明珠……

徐悲鸿静静听着，末了轻轻“哦”了一声，好像不愿意太打扰到她。他这才明白，自己从她眼中，最初瞥见的那份黯然神伤的忧郁缘从何来。再仔细看这娇小的女孩，他觉得她的家境身世，连同那父女间连带的命运，都值得深深同情。他转过身，用两手把她环抱在自己怀中：“现在我知道你没能考上中央大学文学院的理由了。家有变故，你一个女孩子，怎么能安心准备考试？”

他又用手轻轻勾了一下她的鼻子，宽慰地说：“这样也好，你要是被中国文学系录取了，中国画坛岂不是少了一位女画家！”

见孙多慈破涕为笑，徐悲鸿就稍放松了些，他无不是用心逗她喜颜。接着，他在她的额上轻轻吻了一下：“好了，你记住，从现在开始，无论你到哪里，即便是天涯海角，始终有一个人都会关心着你！这个人就是我，徐悲鸿！”

他像是给她保护的承诺，她又怎能无动于衷呢？

假如，爱有天意

时过境迁，记忆已老。

当在台湾地区任教的孙多慈，独自倚窗望外，回首往事时，是否会想，她与徐悲鸿之间那一尘情缘，究竟是从哪一个瞬间、哪一个时段开始燎烧起来的？

她不太能清楚判别，只记得年轻时曾经轰轰烈烈，几乎以为也愿意就那样度过一生……

而在徐悲鸿方面，情愫的萌生则十分明显。他对孙多慈真挚而郑重的爱意，就是从台城山林间的那一吻开始，掀动、鼓舞、燃烈，自此一发而不可收，前前后后，持续了十年之久。

1930年冬，年近不惑的徐悲鸿，事业上如日中天。而感情则在经历了两段婚姻波折后静如止水，并不觉得会有太大波澜。

十六岁时，在江苏老家，他牵着一位本地姑娘的手，合父母之意，走进了洞房。次年，他做了父亲，给儿子起名劫生，为了表达对包办婚姻的不满，后改为吉生，但孩子终因患天花而夭折。他的第一位夫人也过早地病逝。

一切恍若玩笑。他原名徐寿康，健康长寿，是个非常吉祥的名字。可是在心中鸿鹄之志未实现之时，他曾一度陷入苦闷，觉得自己就是一只悲哀的鸿雁，心有大志却被俗世所累，于是便改名为悲鸿。

1916年，怀揣热情与梦想的徐悲鸿，奔赴上海。仰赖于拜访同乡前辈蒋梅笙的机会，结识了这家的二小姐蒋棠珍，两人互生好感，暗地里确定恋爱关系后，她的名字便由他改为碧微。第二年五月，徐悲鸿偕蒋碧微登上日本博爱丸轮船，踏上了一场私奔之旅。

一个是随性自由的艺术家，一个是高门大户出身的千金小姐——唯美与浪漫必然只能是爱情的前奏。当落入现实的窠臼中，他们从相识相爱，到孩子出世，经过十五个年轮的更替，如火的激情被湮没了，如蜜的亲昵被冲淡了，如月的生活也被淘洗了。

就在这感情的土壤贫瘠之际，孙多慈带着她烂漫的倩影、青春的微笑，如一颗新生的种子，靠近了他。他心上的石头，似也裂出了一条窄窄的细缝，不知道是要迎接她的到来，还是因为她的出现而凭空生出。

徐悲鸿甚至感到整个人生都被她照亮了。说不上是阴差阳错还是故作巧合，但他认定这是一种天意。有时候，他在心里横列出一整排的词语：大美若璞、内秀如玉、蜜意如风、柔情似水……不是在挑选，反倒是觉得哪个于她都是合适的。

想至此，他又不禁暗生浅笑，自己已为中年汉子了，怎么还会有年轻人的那种爱的冲动？他看着面前这只小灵物，觉得她像一只驯鹿，而自己更像只苍狼，他生怕吓着了她，甚至因此破坏了自己在她心中的形象。

他真的不敢吐口表达，毕竟还是个半大孩子，且来日方长，等她慢慢长大，先了解了爱的深意。而更要紧的是，只要略往深处想一些，夫人蒋碧微满面怨戾的神色，就立刻令他发颤而不得不中止。

恰好，任上海中华书局编辑所所长的挚友舒新城前来拜访，二人饮酒对酌，徐悲鸿便毫不避讳地袒露了出来："在茫茫大沙漠里独自行走，眼前突然出现了一片绿洲。新城兄，你说你的心情会怎样？孙多慈现在就是我眼前的那片绿洲啊！

"新城兄，我必须向你坦白，对于我，这个爱，如闪电如雷鸣，已经降临到我身上了。我对孙多慈，已经明显有恋爱的倾向，现在唯一着急的，就是不知道孙多慈对我有没有爱的态度。但愿她不是把我当老师，也不是把我当兄长啊！"

舒新城把酒杯举了起来，一饮而尽，道："蒙你信得过，对我如此坦白。我必须旗帜鲜明地表示我的立场——既然已经产生了这种爱，那你没有选择，就要义无反顾地爱下去。爱是上天赠予人类的情感，我们没有任何拒绝的理由！"

说至此，他又压低声音，十分严肃地规劝徐悲鸿："不过你老兄的情况特殊，当年你和蒋碧微相爱，也是轰轰烈烈，不顾一切。现在突然把她撂到一边，社会舆论是不是……你好好把握一下，毕竟我们都是社会的人，两者一定要平衡好。"

"和蒋碧微这边，其实早有裂痕，只不过没有表现出来而已。算了，不说了，喝酒，喝酒！"

徐悲鸿的语气一下子变得哀苦了不少，挚友的提醒，反勾起了他深藏的愁绪。外人看他们依旧是恩爱夫妻，实际早在1928年春，两人之间就产生了隔阂。

彼时徐悲鸿刚刚从欧洲回到上海，雄心勃勃，与田汉、徐志摩等合力成立南国社——创办了南国艺术学院，并在其中担任绘画部主任。因为带有义务教学性质，令操顾生活的蒋碧微一直反对。这年四月，趁徐悲鸿赴国立中央大学任教期间，蒋碧微便擅自雇车，将其在学院内的画具全部搬了回来。她的理由很简单，因为全家将迁往南京定居，徐悲鸿就是想关心相关事宜也很不方便。

事实并非如此。他们夫妻之间有一些根深蒂固的意见不合，也为此有过多次争论。蒋碧微一向是坚定的务实派，她认为，明明是驰名海内外的大画家，非要去搞什么义务教育，没有经济回报不说，还劳心费神。而与蒋碧微相对，徐悲鸿无疑是浪漫的文艺派，不过前些年在国外多次断炊的经历让他对蒋碧微的考虑方式十分理解，但徐悲鸿不能忍受的是，她总采取极端的做法，完全不顾由此给他带来的负面效应——他在外被看成金钱至上的庸俗画家，在家被当作严重惧内的软弱男人。

千金小姐的霸道与强势，伤害了一个男人的自尊，他怎能不心灰意冷？

然而，艺术家的过分自我沉醉，也让一位出身优越的富家女生生变成了劳碌的家庭主妇，更何况她还是唯爱为重的女人，她怎么能有好脾气？

看着好友黯然神伤，舒新城与他碰了碰杯，转而换个轻松的话题，他说："关于你对孙多慈的爱意，我倒很有感触，即兴作首白话诗，也算是对你们的祝福吧。"

舒新城站起身，半借着酒意，用他那略有些变调的湖南口音，朗诵起他的新作：

我想建筑一座空中楼阁，

居住冥鸿与慈多。
闲来比翼飞飞，
兴来共涂仙娥，
把一生的光阴都在美中过……

徐悲鸿高兴得把巴掌拍得通红。

“诗写得好不好我不说，但新城兄，我感谢你是我这段感情最先的也是最有力的支持者。说真的，你和嫂夫人的事我早有耳闻，何时带我一见，让我也感受一下你们敢于冲破牢笼的气概。”

“好说，好说。”

舒新城的脸上，也流露出得意的神情：他和女友也是一场师生之恋，轩然大波、惊天动地自然是经历过的。

那一晚，躺在床上，他对自己的内心进行了认真叩问，对走过的感情进行了深度反省。

思绪乘着生活的跳板，回溯到过去，又蔓延到今天。深彻的黑暗里，他最先看到的是蒋碧微自十七岁与自己相识后，共同经历的酸甜苦辣。日月中跌宕，琐碎中沧桑，他的眼前越发清晰地浮现出那个义无反顾的女子，她高贵多情、落落大方、善解人意。

突然一种深深的歉疚漫上心头。对于一个有责任心的男人，如果仅凭一时的感情冲动，就将一段甘苦与共的婚姻草草处理，是不是太仓促了？想到此，他猛地从床上翻起身，伏在桌前，慨然给正在宜兴老家为姑母和弟弟的去世悲恸不已的蒋碧微写了一封信：“碧微，你快点回南京吧！你要是再不回来，我恐怕要爱上别人了！”

风雨欲来突惊变

人生几何，恋爱三角。

一封赤裸裸的坦承信以后，带来的是一个女人火速归家的婚姻保卫战。

“说，怎么回事？怎么我一不在家，你这感情就出问题了？”

“你也别太着急，听我慢慢向你解释，好吗？”

“我是一个普普通通的女人，是一个只需要家庭生活稳定的女人！悲鸿，难道这么一点小小的要求，你都不能答应我吗？”

“事情真的还没到你想象的这一步……也许就仅仅是我的一个单相思罢了。”

“我对你太了解了。你对我隐瞒的东西太多。你与那个孙多慈之间，绝对不止这么一点简简单单的故事。”

“你知道我是爱才的，对于这样的学生，自然要偏爱一些。另外，她的相貌也有特点，因而约她到画室来，画过几次素描。还有……”

对话，就这么慌乱无序、对峙展开着。

蒋碧微步步紧逼，一问再问，徐悲鸿难以说清，只好一退再退——这起势的较量，一眼看出了双方的性格：一强一弱，一进一退。

她时而泪珠吧嗒吧嗒地往下掉，时而又用疑惑的眼光看着他，最后，她倒也很有姿态地说：“那好，我相信你。相信你的诚意，也相信你为我们这个家，为我们这对可爱的儿女，为你自己在社会上的形象，会处理好这份情感。”

“现在好了，你回到南京了，我想以后不会再发生什么其他问题。”

徐悲鸿一边肯定地应和着，一边把蒋碧微安慰地揽在肩头。

怕是心中，仍各有犹疑与猜忌吧？

虚假的和平，短暂地粉饰着三个人的乱局。

一幅《台城夜月》的出现或说暴露，推进了一场急风暴雨的到来。

这天，著名佛学家宜黄大师前来拜访徐悲鸿，谈到兴致高昂时便提出想要欣赏一下他的近作，徐悲鸿欣然同意，准备带他先到艺术专修科素描组画室参观。临走时，宜黄大师顺便邀蒋碧微同去，这让徐悲鸿的心重重一沉。

想不到，接下来的剧目非但是偷换了主角，还让两个女人有了第一次见面。

当蒋碧微走进素描组画室时，孙多慈一眼就认出了她。大概只能用天生便是截然相反的气质来解释吧。她端庄典雅，气质胜过姿色，言语谈笑、举手投足间都显示着少妇的高贵，孙多慈承认这是自己绝对学不来的。并且，也正是这种如隔天远的距离，让孙多慈感到一丝莫名的不祥。其实，即便是旁人将二者相提并论时，孙多慈能够取胜的原因恐怕也只有年轻与才气了。

当然，也有一种更大的共通之处，就是女人特有的直觉与敏感。那一刻，蒋碧微也认出了立身一侧的孙多慈，更何况敞亮的教室里，只有这一个异常的身影，但她甚至连眼角的余光都没有扫过去。

“还是个小丫头片子嘛！”她在心里不屑地暗哼一声。

论相貌，只能是清丽，算不上漂亮；论气质，只能是淳朴，称不得高雅。面对着情敌的现身，蒋碧微显然感到优势十足，纳闷、怀疑暂时替代了先前的窝火、生气。她忍不住地想，这样一个女学生，怎么就让他动心了呢？他的审美观，也不至于偏差这么大吧？

眼下的状况，虽然沉默着，不动声色，亦未露出什么端倪，但徐悲鸿真是感到难以控制与应对，他想象不到还会发生什么……于是，提议陪宜黄大师到几个别的教室转转，借机改变行程，但宜黄大师不解其意，极言颇有兴趣，坚持要参观徐悲鸿的画室。

僵持情状之下，蒋碧微轻巧上前一步，从徐悲鸿腰间取下钥匙，笑着热情地说："宜黄大师想看，自然求之不得，可要多为我们悲鸿提意见哦！"

一切，毫无招架之力。待徐悲鸿想有所反应时，蒋碧微已向画室方向走去了。

徐悲鸿的脸色顿时黑了下来，这一刻，他对接下来事态发展仿佛了若指掌，但显然他没有十足的勇气去应对，哪怕只是接受。可是，脚下的步子还得往前迈……

事态的发展实有迅雷不及掩耳之势。蒋碧微完完全全以女主人的姿态，款然打开门，走进了画室。她不知道迎接她的是什么，但没关系，不管是怎样的风景抑或凶煞，她都能泰然处之。她的确有这个本事。

先进入视野的，是一幅《孙多慈像》。画面上的孙多慈，举止端庄，没什么特别的表情，但透过细致的笔力、恰如其分的明暗对比可见其安静的矜持，而她就那样直直地面对着蒋碧微。

这是两个女人之间，高贵与质朴的较量，现实与浪漫的相视，占有与拥有的争斗。在这场虚拟的情感争夺大战中，蒋碧微理所当然地认为自己是胜利者。短短的几秒钟内，她的心海颠翻了几多滋味，由愤然、嫉恨到平复，再到带些得意的嘲讽，当然，她的表情并未暴露其中的一丝一毫。

华丽地转身，迅疾地扫视，画室再无可疑之处，蒋碧微又把目光与精神瞄定到内间。

房门推开的那一刻，大概换了谁都会有些惊讶的。小小的屋子正中间，只支有一个画架，其上的画板因严严实实盖着，不，几乎是裹着一块蓝布，显得十分抢眼。蒋碧微敏锐地判定画板必有蹊跷，她疾步逼近，像攻敌一般利落地一伸手，将蓝布扯下，恶狠狠地揭开了它的真面目。

《台城月夜》——月光，水晕，山色，倒影，伊人以及背身，无不俊朗，无不惟妙惟肖。尤其是那轮明月，虽因悬于高高的天际，不易第一刻就让人钟情，但只要顺着水中月影往上看，便一睹再睹任谁也不舍得移开视线了。

真是耀眼的亮，醉心的亮，蒋碧微顿时震住了。

那明月之下，徐悲鸿席地而坐，孙多慈双手抱立。他的目光向上，深情地凝望着她，充满缱绻的爱慕。而她就那样享受着月的沐浴，还承接着他的仰慕。

画外的蒋碧微越看越怒火中烧，这下，她的脸色苍白如纸，身体也有些晃抖，似乎马上就要瘫倒在地。

就在此时，徐悲鸿陪着宜黄大师，也走了进来。看见《台城月夜》曝光在蒋碧微面前时，他正向宜黄大师说的半截话，戛然而止。

这一刻，夫妻如同仇人，彼此心知肚明，却以万千敌对的沉默相视。

蒋碧微尖刻地笑了一下，她昂起头，经徐悲鸿身边走了出去。他以为她的世界会暴风骤雨，但她看起来云淡风轻。他，望着她的背影，手足无措，不知她到底要干什么。

“她已经不是十年前的蒋碧微了，这个女人，什么事都能做得出来。”徐悲鸿虽心有所想，但他依然阻止不了什么。

果然，当蒋碧微重新回到这片“战地”时，她的身后跟着艺术专修科的一位男同学。她一脸笑意，就要展开行动了：“你们参观你们的，有两幅画我很喜欢，请这位同学帮我搬回去。”

男同学战战兢兢地看着徐悲鸿，分明是向他索要指示。

徐悲鸿朝那学生挥挥手，示意准允，不无无奈。然后带宜黄大师，参看国画《九方皋》、油画《霸王别姬》等，并请之谈谈意见。但他眼角的余光，一直在关注着蒋碧微那里。

在整个过程中，蒋碧微举止颇为得体，气场十足，临出门时，她还特别向宜黄大师打招呼，笑着邀请其再来与徐悲鸿谈画。

风波终于过去，是否尚有余劫？

那幅孙多慈的画像被蒋碧微藏在仆人的箱子里，徐悲鸿曾偷偷找过很多次都没有找到。而那幅《台城夜月》的结局就十分悲惨了。由于不能卷起收藏，蒋碧微索性将它摆在客厅最显眼的位置。徐悲鸿每次回家，进进出出都会看到这幅画，让他既尴尬又懊恼，却又无可奈何。不久之后，他亲手将这幅画一点一点刮掉，画上了另一幅作品。

凝结着大师一生爱恋和心血的画作就这样湮灭了！

不过这样也好，此时徐悲鸿的爱之舟已完全停靠在孙多慈那平静宁和的港湾，再也无法忍受蒋碧微的狂风巨浪了。

而孙多慈对于老师的感情，也从最初的感恩之心渐渐转为了少女初心的萌动。他那如波涛般汹涌的热情，令这个初涉世的女学生感到了颇大的震动。带着几许甜蜜，和着几分羞涩，她爱情的钟摆也逐渐应和着徐悲鸿的韵律，愈加和谐了。

徐悲鸿身心疲惫，只在看她时，两眼仍熠熠生出光亮来。

“可惜了，真的可惜了。”

“画在先生心中，什么时候想动笔，先生还可以再画的。”

他不住地惋惜，孙多慈显得泰然。她轻轻地在他对面坐了下来，款款地安慰着他。听她一说，他的心豁然开朗，并连连点着头：“是啊，她可以把我的画拿走，但她不能把我的心拿走。”

接着，他立起身，在画室里来回踱了几步，不一会儿好似又受了莫大鼓舞似的：“好，说得好。我犯不着和这种女人怄气！”说得快活了，他把手向孙多慈挥挥，“给我把纸铺上，老师今天要为你画张画！”

孙多慈顿时欢喜地笑了起来，她忙不迭地铺纸，磨墨，两人各为即将诞生的大作做起了准备，倒也默契，空气中亦不无欢跃。

先入画的是三两杂石，几番挥毫下去就现出其棱角分明，再以四五蕉枝布了景，生机而清新。一只温驯的猫蜷曲欲睡，舒适安然，两眼闭着似也微睁，样子实在陶醉酣畅。猫的慵懒、警觉、乖巧、敏感，都在寥寥几笔中勾勒了出来。

这是一张《睡猫图》。把心爱的女子比作猫，又在亲笔炮制中绵延了多少深爱不尽的意思。这是徐悲鸿的高明与浪漫。

孙多慈目睹着这心意一点点地映现、完成，眼中已可见如蜜般的甜，心湖亦随着画笔的舞动而荡漾。满面红晕，丰盛在她的脸上，及耳根处，又像极了一朵绽放的桃花。

豪爽地抛下画笔，徐悲鸿略退后两步，仔细端视了起来，平和中含着温醇，悠远间夹有灵动，他因满意而面露喜色，还不时点着头，好像更坚定了什么。之后他取出一方印章，像往常一样，在画的左下方，盖印，收工。

两手紧压，他就那样重重地烙了下去。然而，这一次不是“徐悲鸿”，而是另外四个大字。

孙多慈本依着好奇之心，却一眼就辨了出来，那一刻，她的心几乎要跳出来了：上是“大慈”，下是“大悲”，连同这幅刚完成的《睡猫图》，简直是一连串的惊喜。

“知道什么意思吗？”

不等徐悲鸿问，孙多慈的眼神已由画转向了他。眉宇间是感动、感激，是兴奋、雀跃，还是言说不出的复杂的美好。

她当然知道。但是绝对不宜说，也不能说。

这是徐悲鸿为自己新刻的一方闲章，其初衷自然不言已明。四个大写的字，将两人的名字与感情一齐隐含了，藏纳了。

那一刀一刀的力度，那一点一点的深刻，就是他对她最直接的表白。

她笑如小鸟。

他把她揽在怀中，轻轻抱了抱……

再见，我的悲鸿

从两个女人对峙的那一刻起，从蒋碧微出手的那一刻起，这场较量，就注定要向着白热化的阶段发展。

后来，孙多慈在文章中也做这般讲述：“与社会接触日密，觉人心之虚伪、偏私、阴险、疑忌、刻薄、残忍，充塞于天地之间。”

任交往的细节，在脑海中，一帧一帧地闪过，如电影镜头般，她不舍得有任何遗漏；任情缘的氤氲，在心灵上，一晕一晕地铺展，如作画般，她不舍得有一丝疏忽。

孙多慈第一次郑重地思量起和徐悲鸿之间的事情，她意识到他们之间大概太不现实了，同时也感到有些委屈。柔弱之身，年轻之极，感情泛滥时，她和他一样没有理智地向对方汹涌而去，如今思来，却越发觉得困难重重，又深不可测。可是这不正是感情的魔力吗？她不太懂……

当然，她还不知道，一次次不见刀光剑影的交锋，将纷至沓来。

1932年年底，徐悲鸿一家搬进了一栋带院子的欧式二层小楼，孙多慈别出心裁地送上了百余株枫树苗作为贺礼。

生命力的滋润，正如她带入徐悲鸿生活的感觉。年年生长，情意绵绵，小小的心思，看来也是深想了去的。不能说她不聪明，也不能说她用情不深、用意不妙。

只是她的对手到底太过强大。

枫苗新活了近半年光阴，院子里就被改盘，取而代之的是柳、桃、梅等观赏性植物。风格上，因为新换了草皮，添置了遮阳伞和圆桌藤椅，从原先的自然田园风而变得完全西式。

立夏前后，从上海为张大千祝寿归来的徐悲鸿，一跨进家门就愣住了。

而蒋碧微，优雅地笑着，并且成竹在胸："感觉以前园林风格不协调，重新变动，给你一个惊喜，怕耽误你创作，就加快了进度。"

这样的理由听起来毫无破绽，一般人必认为其贤惠体贴，但徐悲鸿早已习惯了她张口即来的"恩惠"，他又能说什么？

他只能也学着她，刀来剑往之下，表面上却不得不波澜不兴。

这时期，徐悲鸿的公馆叫"无枫堂"，画室叫"无枫堂画室"。他还专门刻下一枚"无枫堂"印章，是留作纪念与回味，还是宣泄愤懑和不满？

后来，他索性将新居之名再改为"危巢"，并特作一篇《危巢小记》以警示自己。“危巢”寓意双重，既有身处动乱时代，奋发图强之意，又暗示自己和蒋碧微的婚姻已是危如累卵，大厦将倾了。

1934年，时值金秋十月，在国外一年半多的画展活动结束后，徐悲鸿终于再带学生去写生。而这一次的天目山之行，尤其对“慈”“悲”而言，颇有点“小别胜新婚”之意。

行至僻静处，两人情到浓烈时，不由得热切拥吻。这样难得的一幕，恰巧被一个同学的相机捕捉进了镜头。

就在天目山上，他们向着那暮霭深处走去，愈幽愈远，惬意十分。孙多慈在一小路旁，发现了一树红豆。少女的眼中端然地闪着亮光，她郑重地伸出纤纤玉手，小心地摘下相思豆，再满怀柔情地捧给老师，那就是她——爱的箴言。

收到少女爱的献礼，徐悲鸿的反应亦非常少年。一回到南京，他就特地去打了一对戒指，把红豆镶入其中，又将“慈”“悲”二字分刻在上。一个中年男子，还能生出这样的情愫，做出这样浪漫的举动，是幸，还是不幸？

在这段师生恋中，孙多慈初尝了爱情的滋味，已经有过两段婚姻的徐悲鸿似乎也焕发了青春。他们由爱而激起的创作灵感如爆发的火山一般，两人的笔下佳作不断。然而，在情感之外，他们遭遇到了前所未有的磨难和艰辛。

如果说此前的孙多慈在老师的庇佑下，一直过得近乎与世无争，那么当这师生之恋在社会上传如鼎沸时，她就不得不承受接连不断的冷言冷语，铺天盖地的诋毁谩骂。

徐悲鸿毕竟是有名的画家，学生们见到他自然还是有着一些敬畏的；而对孙多慈这样一个性格内敛，平时在班上也总是沉默居多的柔讷女生来说，她的日子就不太好过了。迫于在学校几乎难以立足，孙多慈搬到了校外居住，最后一学期的课也很少去上了。

临近毕业的孙多慈在老师的安排下，忙于赴比利时留学的申请，暂时从这些烦恼中解脱了出来。而徐悲鸿为之急切奔走，筹备画册出版以便留学委员会审查，也让孙多慈依然体会着爱情的滋润。然而，正室夫人的再度出手，让这一切泡了汤。

得了风声的蒋碧微，开始绝地反击。盛怒、怨恨和委屈，演变成了一个女人的革命。

她去找曾一起留法的谢寿康——中国驻比利时公使馆一等秘书兼代办使事，梨花带雨，诚言相请；她去拜访与徐悲鸿情同父子的吴稚晖，娓娓道来，有礼有节；她写信给比利时庚款基金会主任褚民谊，刚柔相济，设身处地。显然，爱情保卫战的天平最终偏向了这个有情有义，勇敢捍卫婚姻的女子。

出国深造的梦想破灭了，孙多慈的世界陷入了晦暗与喑哑之中。而徐悲鸿的如意算盘也一并落了空——他原本希望先送孙多慈出国，自己也随后而去，两人从此便可以定居国外，抛却一切烦扰，安然地过日子。

与此同时，为女儿担忧不已的父亲孙传瑗也介入了进来，心灰意冷的孙多慈顾及年迈父母的殷切心声，终于在盛夏的一天离开了南京，回到家乡当了一名初中美术教师。

于是，徐悲鸿与孙多慈的爱情悲剧，不可避免地拉开了帷幕。

千般温存，万种柔情，思念长长，表白连连。

她寄：

晓雾笼江际，寒风萦别愁。
如何君去后，一似水东流。

她写：

风厉防侵体，云行乱入眸。
不知天地外，更有几人愁。

用于寄情的不仅是文字，还有一颗鲜红饱满的红豆。

而他既见相思之物，当即写下了三首红豆诗：

灿若朝霞血染红，关山间隔此心同。
千言万语从何说，付与灵犀一点通。

耿耿星河月在天，光芒北斗自高悬。
几回凝望相思地，风送凄凉到客边。

急雨狂风避不禁，放舟弃棹匿亭阴。
剥莲认识心中苦，独自沉沉味苦心。

问世间情为何物？如果没有1937年那场硝烟的战火，老天或许看在眼里，也会让这对有情人终成眷属。

然而，世事往来，却没有“如果”二字，一切都随风而去。

当得知心爱的女孩即将嫁给别人的事实时，徐悲鸿慌了神，没过多久，他在报上刊登了一则启事，几乎背水一战：“鄙人与蒋碧微女士已脱离同居关系，彼在社会上一切事业概由其个人负责。特此声明。”

而孙多慈写信回应：“谁也不能怪，要怪就怪这场战争吧。”“我后悔当日因为父母的反对，没有勇气和你结婚，但我相信今生今世总会再看到我的悲鸿。”

也许真是一种宿命。

无奈，在1941年暮春的浙江丽水，二十九岁的孙多慈终于走进了婚姻的殿堂，然而牵手的男人不是她心爱的悲鸿，而是倾慕她才华的官员许绍棣。她终归还是遂了父亲的意愿，并且在这一历史时刻，十年的慈悲之恋，也画上了不幸的句号。

五年后，徐悲鸿也终于找到了人生的归宿，对方是交往三年的湖南姑娘廖静文，从此结为秦晋之好，执手余生。

得知徐悲鸿婚讯后，孙多慈久久无言。她默默地画了一幅《寒梅图》，并题上如下词句：

倚翠竹，总是无言。
傲流水，空山自甘寂寞。

几经辗转，这幅《寒梅图》不知怎么到了徐悲鸿手中。他沉默良久，在梅枝上补画了一只喜鹊。那喜鹊静立枝头，回首遥望，欲语还休。

故事还未结束。

孙多慈随丈夫到了台湾地区，仍精研绘画，她多次举办画展，又赴海外进修，始终没有脱下徐悲鸿弟子的衣钵。

20世纪50年代，在中山堂看画展时，孙多慈再遇蒋碧微。事过境迁，将这一对昔日的情敌联系起来的还是那个多情的男人——准确地说，是他在北京的死讯。

当即，孙多慈脸色大变，眼泪恣流，情不能已，瞬时就晕倒过去。

蒋碧微没有想到，经年以后，当初的女学生对徐悲鸿的感情依然那么深沉。

后来的日子里，人们看到，孙多慈为徐悲鸿素服素食，戴孝整整三年。

只猜想，比她年长的丈夫，大概只能宽容迁就了吧。

徐悲鸿的离世，带走了孙多慈全部的感情与鲜活的画魂。她难有欢颜，忧郁刻骨，身体状况每况愈下，就那么草草淡淡地活到1975年……

徐悲鸿夫人廖静文曾感慨道："接触过孙多慈的人，都说她人品好，后来为她的老师悲鸿戴了三年孝。这是一个悲惨的故事，就是有情人未成眷属。"

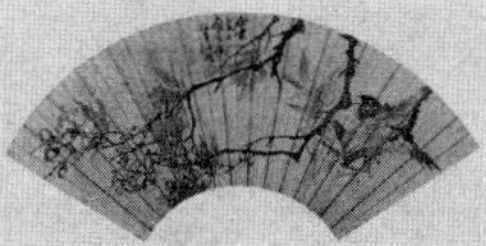

[遇见最好的爱情]

普天之下，除了生死离殇，大概有情人未成眷属是最普遍亦最易引人共鸣的情状了吧。

他们各有春天，却是悲喜不足为旁人随意评说，造化成人也喜欢捉弄人。

纯纯恋曲生根发芽，连心都长成了植株一般的模样，从此爱上的人都有他的影子抑或劫难一生再也跳脱不出与他的联系。世上多的是爱情长跑，多的是情系双双，但聚散有时，后会无期。

而美，一旦到极致，便也成苍凉。

鲁迅与许广平

追慕与爱护的交缠

若说民国时新盛的产物，师生恋大概要算一个。

环境的开放，思想的自由，传统的摇摆，各处风云所见，师生之间趋向于平等，关系自然更为亲密，也便容易擦出爱的火花。

潘光旦将这概括为一种从游关系："学校，犹水也，师生，犹游鱼也，其行动，犹游泳也。大鱼先导，小鱼尾随，从游既久，其濡染观摩之效，不求而至，不为而成。"

确然，老师言传身教，学生潜移默化受之熏陶，薪火相传，在知识的圣殿上，敬畏、瞻仰、接续的，除却热血还有情谊，且一旦跨越出去，就变成了恋事。

躁动万分的时代，似乎像极了一片海，一季风，一弦音。

而这，正是鲁迅和许广平的爱情得以生根并异于他人之处。

伟大的灵魂需要深彻的和鸣，孤独的精神需要温柔的舔舐，她对他有着本能的追慕，光明和真理都在他那里存蓄着；他对她有着惯常的爱护，高尚和清醒都可予她尽兴倾出。

从师生的结识到完全的了解，他们的确顺遂太多，但冥冥之中却也跨越许多。因而，结合后的俩人，感情是超于一般夫妻之上的。

母亲的礼物

1906年7月1日，浙江绍兴鲁镇的周家，进行着一场婚礼。

娶亲轿子刚一落地，从轿帘里面探出了一只女人的脚。轿子高，这只脚的主人小心地丈量着与地面的距离，却不料还是因为一时没踏稳，绣花鞋先行掉了出来，接着是一只被裹得很小的脚，现了原形。新郎，袍褂套上身，倒也精神，脑后一条长长的假辫拖着，红缨大帽下神情呆滞，像木偶一样，被周围的人拥进了洞房。

新郎官，正是时年二十五岁的鲁迅。

而新娘子朱安，比之大三岁，出生于浙江绍兴的一户商人家中，祖上曾当过知府，家境殷厚。

结婚本是件极高兴的事，但年轻的鲁迅却面无表情。

原来，这是一场彻彻底底的“骗婚”。

初夏光景，留学东京的鲁迅，忽然不断地接到家书，信中极言母亲病得很重，想见见自己的长子。等到孝儿焦灼不安地回国，迈进家门时，面对着眼前的张灯结彩，才发现迎接他的是一场早有预谋的婚礼。

母亲又为什么非要鲁迅娶朱安呢？

好友许寿裳在《鲁迅传》中讲述了一段他与鲁迅共同经历的事情，从中可见答案：“有一天，我和鲁迅在街上看到一个日本妇女，手里抱着一个小孩，身边还跟着两个小孩，我们就热心地帮这个妇女抱了一段孩子。”

就是这偶然的一幕，穿洋过海竟然传到了千里之外的绍兴，而且消息走样变成了：鲁迅娶了一个日本女人，还生了一个孩子。

母亲一听急眼了，于是就谎称自己病重，急急地寄去家信——之后的事终于遂了她的愿，儿子拜了堂成了亲。

新婚之夜，鲁迅只顾通宵达旦地看书，房里的夫人是无话可说的陌生人。第二天，他搬到别屋去睡了，又过几天，就回日本继续求学。

朱安长相一般，身材瘦小。但是鲁迅对朱安的不满，并不是因为容貌问题，而是因为她大字不识一个，她和鲁迅之间完全无法交流。虽然婚礼举行了，但是鲁迅既痛苦又不甘心。他曾经说过一句沉痛的话："这是母亲给我的礼物，我只能好好地供养它，爱情是我所不知道的。"

他确实将朱安供养得很好。常去鲁迅家的朋友都知道，他对朱安没有夫妻之爱，但还有关心和尊敬，每次鲁迅从街上买回了点心，总是先请母亲挑些喜欢吃的，再送去给朱安挑选，最后剩下的，才自己吃。

清醒如他。这位新文化运动的核心人物，这个坚决反对封建礼教的自由斗士，在自己的婚姻问题上，却无力挣扎。

就这样，世人看他一面是"侍母至孝"的传统美名，一面是由此付出的爱情牺牲。这于他个人而言，是何其矛盾和不义呢？

就这样，他一面终其一生关注和探索着女性解放，一面又被迫无奈地参与了制造朱安"活寡妇"的可悲人生。这对于双方来说，是何其不幸和残酷呢？

但鲁迅依然有他的解释：一是为尽孝道，他甘愿放弃个人幸福；二是不忍让朱安做牺牲，在绍兴，被退婚的女人，一辈子要受耻辱的；三是他当时有个错觉，在反清斗争中，他大概活不久，因此和谁结婚都无所谓。

于是，一场无爱的婚姻竟长达二十个春秋。

于是，像所有传统的绍兴太太一样，朱安就那么殷勤而沉默地料理着家务，奉养着周家的母亲，终生做了婆婆的儿媳妇。

冰冷笔尖烈火心

这是一个性情果断刚烈的广东女孩。

对于父亲在许广平儿时因官场应酬、推杯换盏而为之许定的一桩婚姻，她坚决反对，并做出了事实性的反击。

对方是当地一户姓马的乡绅，横行霸道、嚣张跋扈，令长大后的许广平分外厌恶。一次，马家的一个亲戚来做客，她二话不说，冲出去就向那个人深深鞠了一躬，然后义正词严地说："我父亲将我许配给你们家，是因为他当时喝醉了，我自己绝不同意！"对方闻之，瞠目结舌。

经她这一闹，许家人也就顺水推舟，在给足了一笔经济赔偿之后，了结了一门不合心意的亲事。

相对于后来认识的鲁迅与朱安，许广平无疑是勇敢的，也是极具战斗力的。她力主恋爱自由，事实上，也的确这样做了。她曾与一位叫李小辉的青年相爱。二人得于同乡加表亲而结识，之后互生情愫。正当享受甜蜜快乐的热恋时，许广平得了猩红热症，爱情的伴侣自然加倍体贴，后也受之传染，结果——她得到痊愈，而那青年却不治病亡。

这个猝不及防的噩耗直如晴天霹雳一般降临，完全让许广平惶惑不已！一切都幻灭了：她美好而烂漫的初恋，她第一次勇敢追求的婚姻自由，她纯粹并挚白的希望……她因此沉浸于一种无法自拔的巨大悲痛中。事隔十八年，许广平还这样回忆着："到了第十八年纪念的今天，也许辉的家里早已忘了他罢？然而每到此时此际，霞的怆痛，就像那患骨节酸痛者的遇到节气一样，自然会敏感到记忆到的，因为它曾经摧毁了一个处女纯净的心，永远没有苏转。”

很快，她所在的国立北京女子师范大学掀起了一股激流暗涌的大风潮，一颗少女的心，在挫折中获得了更大的力量，在时局中跨越了悲痛的荆棘，在人生中迎上了真正的光明。

1923年，许广平大学二年级，她开始听鲁迅讲课。

开学第一天，当听闻这位文学先锋式先生将在女师大授课时，学生们的好奇远胜于心底的期待与瞻望。他像极了一道深不可测的风景。

可是，实况的发生还颇为有趣。

坐在第一排的许广平，是这样描述的：

突然，一个黑影子投进教室来了，首先惹人注意的便是他那大约有两寸长的头发，粗而且硬，笔挺地竖立着，真当得“怒发冲冠”的一个“冲”字。一向以为这句话有点夸大，看到了这，也就恍然大悟了。褪色的暗绿夹袍，褪色的黑马褂，差不多打成一片。

手弯上，衣身上许多补丁，则炫着异样的新鲜色彩，好似特制的花纹。皮鞋的四周也满是补丁。人又鹘落，常从讲坛跳上跳下，因此两膝盖的大补丁，也遮盖不住了。一句话说完：一团的黑。那补丁呢，就是黑夜的星星，特别熠眼耀人。

小姐们哗笑了！“怪物，有似出丧时那乞丐的头儿”。也许有人这么想。讲授功课，在迅速地进行。当那笑声还没有停止的一刹那，人们不知为什么全都肃然了。没有一个人逃课，也没有一个人在听讲之外，拿出什么东西来偷偷做。钟声刚止，还来不及包围着请教，人不见了，那真是“神龙见首不见尾”。许久许久，同学们醒过来了，那是初春的和风，新从冰冷的世间吹拂着人们，阴森森中感到一丝丝的暖气。不约而同地，大家吐了一口气回转过来了……

他衣着邋遢、不修边幅的习性，大概和他的家庭生活及心境有关吧，他对自己的幸福已经不抱希望。他清醒而深刻地熟知着一切，全然连自己及家国的命运也过早地思量到，又怎么会在乎一点虚浮的外在装饰？“沉迷于自己的理想生活的人们，对于物质的注意是很相反的。”后来的许广平如是所言，她的确较常人知他懂他更多。

然而当时，正是这样一位其貌不扬的先生，总是吸引着学生们济济一堂，很多人早已跻身于粉丝的行列了。

日子平静地过着，课堂之交亦很平常。直到一年多以后，一封来自许广平的信寄到了鲁迅那里。

当时，女师大的学生们怀着满腔热忱，渴望着走出校门，接受社会新风暴的洗礼，而校长杨荫榆却是一位严厉专制的女性，要求学生们一心只读圣贤书，不准掺和“窗外事”。于是，彼此间的矛盾越来越深，逐渐激化，直至不可调和。

担任学生自治会总干事的许广平，自然是站在了风口浪尖，心中积聚着愤懑与苦恼，她深感茫然，于是便想到了恩师鲁迅，想让先生给她指出一条出路。

她是思想上的寻路者，欲向他借灯而行；而往后的事实证明，对于他而言，她又何尝不是一处明光呢？

苦闷之果是最难尝的……而苦闷则总比爱人还来得亲切，总时刻地不招即来，挥之不去。先生！有什么法子在苦药中加点糖分？有糖分是否即绝对不苦？先生！你能否……给我一个真切的明白的引导？

现在的青年的确一日日的堕入九层地狱了！或者我也是其中之一。虽然每星期中一小时的领教，可以快心壮气，但是危险得很呀！先生！你有否打算过“救人一命，胜造七级浮屠”呢？先生！……我现在希望你把果决的心意缓和一点，能够拯拔得一个灵魂就先拯拔一个！先生呀！他是如何的“惶急待命之至”！

满纸的迫切与热诚，亦饱含了感佩与崇敬，她是因为真切的需要而突破了与他的生疏，又表现得相当推心置腹，他怎能不同声相应呢？

鲁迅回信之快似乎超出了许广平的预料，他大概是一看到信后马上就写了复信的，且洋洋洒洒差不多有两千字。他探讨了关于学校与社会黑暗的问题，提到人生的两大难关——歧路和穷途，并告诉她自己是如何“在这世上混过去”的。

而事实上，正是从这一时间起，他们开始并肩站在了同一战线上。

许广平所幸获得了同盟，却也付出了相应的代价——“驱杨运动”让她被校方开除，有了“害群之马”之名。

于是，鲁迅提着正义和光明的灯盏出手了。在《京报》上，他同几个教授联合发表宣言，坚决支持女师大学生。结果不言而喻，校园恢复了暂时的平静。

而于二人而言，师生间的严肃与庄重溢于字里行间，但的确有一丝活泼的涟漪。

来往的通信中，彼此的称呼、署名不知变换了多少种，但总归都很有意思。起先，许广平唤鲁迅老师，接着亲昵为迅师；署名则开始是学生，后调皮叫作小学生。再往后，鲁迅叫许广平广平兄，又发展成害马，最后她改称“my dear teacher”或“象兄”，落款“你的害马”。

她在信中常自称小鬼，而为小鬼破费点光阴，先生似乎是欣然同意的。

从此之后，鲁迅和许广平的书信往来越来越多。

1925年6月，逢端午节，鲁迅请几个学生来西三条胡同的家中会餐，她们分别是许广平、许羡苏、俞氏三姐妹——想必与先生的交情都是相对不错的。谁料到，其间，却上演了一个不大但也不小的插曲。

正式开饭以后，许广平等就敬起鲁迅酒来。不一会儿，杯盏之间便兴味盎然了。葡萄酒劲儿太轻，就变成黄酒，黄酒太轻了，又提议有没有胆量吃白酒。鲁迅出自酿酒之乡——绍兴，这下当然应，吃白酒就吃白酒。

他自是酣畅的、高兴的，也是放松的，在席间，他用拳头轻敲许广平一记头，慈和有加。

这时，许羡苏忽然提前离了场。她本是对鲁迅有好感的，见先生对许广平这般友爱，顿生醋意，生气而去。紧接着第二天，她还跟许广平说鲁母是不让鲁迅喝酒的。

当时毫不知情的许广平非常诧异，马上给鲁迅写信致歉。

鲁迅立即回了信，对许广平的惶恐之心予以安抚，于是疑虑和真相全都拨云见日。同时，在她这边，除了对他的崇敬感念，似乎还夹杂着些许温暖。

然而，最初连接起他们的那场风潮还没有完全过去。

不久，警察以维修之名介入进来，他们冲进校园，强行将学生宿舍封锁，而许广平已被开除，家又在广东，一下子丧失了栖身之所。此时，鲁迅再度伸出援手，让许广平暂住到自己家中。

在这里，为鲁迅抄书稿，成了许广平的新任务。她速度很快，又极为“敬业”，有时甚至废寝忘食，一天下来，抄写竟达一万多字。

鲁迅感动她的辛苦劳动，也很心疼她。他怜惜地对她说：“你抄得太辛苦了。”言语之余，还握了握她的手。这该是他们的第一次亲密接触吧，也正是这不经意的轻轻一握，让许广平感觉到鲁迅对她的关心已经超出寻常。

或是少女心的敏感情动与浮想联翩吧，又或是许广平后来所说的：爱情的滋生，是漠漠混混、不知不觉的，她跟鲁迅之间也是不晓得怎么就相爱了。

她是那样一个高高的女孩，眼睛大而有神，有点聪明的样子，性格也大方真诚。

日日朝夕相处，鲁迅怎么会没发现呢？

多情的夏天，总爱演奏恋曲故事。

在鲁迅的家里，许广平第一次表达了自己的爱。

她像第一次给他写信一般，冲开了另一道闸门：爱的讯息她已接收到，接着要做的便是大胆地给予回应。可以说，如果没有她的决绝热烈，这份姻缘是不会修成正果，最终成为文坛一段佳话。

她是活在热情飞扬的青春里，他的身上却积满了数十年生活的尘埃。所以，他是犹豫不决的，也不敢轻易接受。

他虽然坚定地认为爱情是婚姻的基础，但决心做出牺牲。在《我们现在怎样做父亲》一文中，他曾写道：“自己背着因袭的重担，肩住了黑暗的闸门，放他们到宽阔光明的地方去；此后幸福地度日，合理地做人。”

他以为婚姻的幸福于己是无关之事，实因无望，所以认定了不配被人所爱。

他又做过那样的试想：一旦与她恋爱，必要掀动风起的谣言，接受世俗的考量，而再往深里思去，在坚硬的传统屏障前，她的角色无异于小妾，他怎么忍心让她受这样的委屈！

于是，面对主动倾来的爱意，鲁迅力陈种种不般配的因素，说服自己：为什么还要爱呢？

曾经面对黑暗现实，勇敢疾呼着“真的猛士，敢于直面惨淡的人生，敢于正视淋漓的鲜血”的鲁迅，面对爱情却有些畏惧、退缩了。

而许广平继续撬动着感情的地球，她回复“神未必这样想”。

这本是鲁迅在女师大授课时编的教材中，英国诗人勃朗宁的一首诗。

诗中讲了这样一个爱情故事：

一对忘年的恋人，男人因为顾虑年龄差距，终究不敢与心爱的女人结婚，感情僵持了十年之久。后来，女人嫁给了一个不爱的人，男人单身，交往过一个演员，如此，对四个人都是不幸。最初，笃定了“我们不相称”的年长男人，晚年再见女人时，却发现出奇地不谋而合——神未必这样想，我们还是可以相爱的。

这本是课堂上先生给予学生在思想上的启迪，爱情的自由是值得追寻的，许广平受了教，现在便把它原封不动地还给鲁迅。

“你中毒太深了，因为我课堂上讲的这个故事，你太理解了。”

这一来回，鲁迅的反应亦显得有些强烈，他收起了强硬的拒绝，反而是要她再慎重考虑，或说连同他自己。

面对他担忧的妻妾名分的问题，她早有了响亮的态度。

“我是我自己的”——受了同辈卢隐为反对旧式婚姻提出的口号的鼓舞，再加之性格的缘故，许广平追求爱情时表现得大胆与主动。

而与之相较，鲁迅这里承受的压力更为巨大。

作为新文化运动的主将，他的言行会带来影响，甚至成为社会符号，更何况他还怀有对人类道路探索的理想，怎能不以身作则，保持生活的正派？而已有妻室的事实，也让他决定放弃追求爱的权利。

北京鲁迅博物馆馆长孙郁介绍说："他认为我们搞新文化的人是很正派的，很正经的。所以我们坚决（也）不纳妾，他是坚决不找第二房的。"

但不可否认的是，许广平的出现，让鲁迅的生活中泛起了微澜，他的思想有了疏通抵达的彼岸，原本打算牺牲自己的念头也开始动摇了。

而许广平的立场从来都是坚定的。她毫不在乎鲁迅的年龄、健康、财产、地位，她唯独看到的是他内心的崇高与善良，以及二十多年孤苦无爱的寂寥，她是真心愿意与他荣辱与共，相伴一生。

经过一段时间的反复"探讨"，鲁迅的心慢慢地转向了她的磁场，也对她表示："我可以爱，我为什么必须牺牲自己呢？"

她是勇敢的。当许广平再一次走进鲁迅的小屋，希望得到最后的答复时，她果决地伸出了自己的一双纤手，拉起他共同迈向他们新的生活、新的希望——

他停顿了一下，终于轻轻地回握她的手，说："你战胜了。"

十年携手心换心

在真正的爱情面前，许广平才是鲁迅的明灯。

从1925年3月到7月，短短长长，来往的四十余封信件，成为二人的纽带，让他们志同道合地站在一起，靠得更近。可以说，爱情的发生沾了理想和信念之光。

鲁迅说他们信中，“既没有死啊活啊的热情，也没有花啊月啊的佳句，不是悱恻和缠绵的柔情，而是对社会人生问题严肃的探讨”。

许广平也说：“没有灿烂的花，没有热恋的情，我们的心换着心，为人类工作，携手偕行……”

在这样的一场爱中，她甘之如饴。而面对风暴——守旧者的讥讽、世俗的反对，她更坦然面对！超凡脱俗，坚韧不屈，她迈出一个完全的新女性的步伐。

10月的《国民新报副刊》上，许广平成了焦点。

她发表了《同行者》一文，公开表达了爱的声音，语气间包裹着烈火般的炽热，她说，她丝毫不畏惧“人间的冷漠、压迫”“要一心一意地向着爱的方向奔驰”。

此外，她还在文章《风子是我的爱》中宣布誓言，不仅更加热烈直白地吐露了自己对“风子”鲁迅的爱以及不顾一切束缚要与之结合的决心，并细腻地记下了他们定情的那历史性的一刻：

风子是我的爱，于是，我起始握着风子的手。

奇怪，风子同时也报我以轻柔而缓慢的紧握，并且我脉搏的跳荡，也正和风子呼呼的声音相对，于是，它首先向我说：“你战胜了！”

它——风子——承认我战胜了！甘于做我的俘虏了！即使风子有它自己的伟大，有它自己的地位，藐小的我既然蒙它殷殷握手，不自量也罢！不相当也罢！同类也罢！异类也罢！合法也罢！不合法也罢！这都于我们不相干，于你们无关系，总之，风子是我的爱……呀！风子。

这百折不回的决心，铿锵有力的声音，赢得了爱情的胜利。

1926年9月，列车载着两位志同道合的同行者抵达上海。

2日清晨，他们又乘船分别轮渡到厦门、广州。其缘由是，一个应聘到厦门大学执教，一个则回故乡发展。

显然，这是理性的一双人，这是怀揣着为社会服务的志心所做的选择，他们以此约定：一方面为各自的事业，一方面也为彼此的生活做些经济上的积蓄。

谁知，才刚一别去，热恋的情愫就迫不及待地流露出来。

她写："临行之预约时间，我或者不能守住，要反抗的。"

他诉："……觉得太闲，有些无聊，倒望从速开学，而且合同的年限早满。"

任江水滔滔离岸荡去，任行李迟迟不愿开启，互牵的手儿，还未散去对方的温度，便剩难耐，只能一字一语地寄去。

两地书上，相思漫涨。

且再看许广平的回信：

My dear teacher，你为什么希望"合同年限早满"呢？你是因为觉得诸多不惯，又不懂话，起居饮食不便么？如果对身体的确不好，甚至有妨健康，则还不如辞去的好。然而，你不是要"去作工"么？你这样不安，怎么可以安心作工？！你有更好的方法解决没有？或者于衣食，抄写有需我帮忙的地方，也不妨通知，从长讨论。

率性的女郎，变作温情的身影，充满体贴；伟大的勇士，在他的爱人面前，倾露了孩子般的稚气，收获了太多真挚的抚慰。

于是，两人继续一封封地"从长讨论"下去，所幸为爱情饱食的苦难，经时光与意志的磨炼，结出了欢欣之花！

1927年1月11日，鲁迅在信中说：

我先前偶一想到爱，总立刻自己惭愧，怕不配，因而也不敢爱某一个人，但看清了他们的言行的内幕，便使我自信我绝不是必须自己贬抑到那样的人了，我可以爱。

谁说不是呢？

也许只有在爱情里，一个严肃老成的男人，才会愿意在比自己小十七八岁的女孩面前表现出完全的自己：刚陷入恋爱的毛头小伙模样的，孩子气的，甚至是撒娇的……

日子渐久，在鲁迅和许广平的情书中，既没有《爱眉小札》里激情如火的表白，也没有《从文家书》中如诗如画的优美，满纸都是关于自己饮食起居的详细汇报，以及对对方生活状况的点滴询问，两人的谈话内容，已经从空泛的思想交流过渡到了实实在在的生活起居、所见所闻，彼此都恨不得把自己每分每秒做的事告诉对方，同时也将对方的分秒之事全都了然于胸。

如果不是最亲密的爱人，谁会对这些絮絮的小碎语感兴趣呢？

如果不是把对方视作了另一半的自己，又怎会就甘于在嘘寒问暖间甜蜜共存呢？

终于，一切似乎是苦尽甘来，他们等到了一个相聚的机会，广州国立中山大学校长朱家骅邀请鲁迅前去任职。

在国立中山大学，鲁迅担任文学系教授并兼任教务主任时，许广平自然成了他得力的助手；当他搬到校外一栋房子里居住时，她尽心照管起他的饮食起居生活……

这样，到1927年10月，他们同时回到上海时，彼此的心灵和命运已经紧密地结合在一起了。

那一年，鲁迅四十六岁，许广平二十九岁，他们开始共同生活。

后来，鲁迅好友许寿裳为撰写《鲁迅先生年谱》，写信给许广平说：“年谱上与朱女士结婚一层，不可不提，希弟谅察。关于弟个人婚事，弟拟依照事实，真书‘以爱情相结合’……”

对此，许广平的反应分外干脆，果敢地回信："我可不是小气人，关于我和鲁迅先生的关系，我们以为两性生活，是除当事人之外，没有任何方面可以束缚……不必要有任何的俗套。我们不是一切的旧礼教都要打破吗？"

所以，她洒脱至极，也一并给定了"最终方案"，示意甭写什么"以爱情相结合，成为伴侣"，直接写成"……与许广平同居"即可。

就这样，一桩事实婚姻落成。

他们的结合，源于一位先生对一个追求光明与真理的女青年的感召与吸引，而今他依然是她的严师。

生活的点点滴滴中，她发现他的伟大品格，即时瞻仰，随处比量，诚意地补短，虚心地学习。他待人接物的态度，对世故人情的体察，为民族献身的精神……都使她比过去看得更清楚，学得更具体了。

不久，家庭光景中，真的又重见了课堂的影子。

许广平想学日语，鲁迅就把教学活动安排得秩序井然：首先，以亲自编写的课文集子做起步基础；一个月后，教材换为《尼罗河之草》；接下来则深入学习日文版的《马克思读本》。

这一段学习，前后持续了一年半的时间。他郑重指点，她认真吸收，彼此依然合拍得很，因为多在晚上进行，夜幕幽静，孜孜以求，一道进步着，留下了多少难得的美好回忆。

许广平坦言："我自己之于他，与其说是夫妇的关系，倒不如说不自觉地还时刻保持着一种师生之谊。这说法，我以为是妥切的。"

"我为什么总觉得你还是我的先生，你有没有这种感觉？"她常常天真地向鲁迅如是提问。他听了，总是惬意地笑笑，而后答非所问地道上一句：“你这傻孩子。”

携手共度的历程上，因为日寇战火的喧嚣迭起，他们一起避难，又因为反动派的迫害，他们一起逃躲。

艰苦岁月里，她是他至诚的战友，更是他出色的助手，为了他的写作，她千方百计查阅资料，翻找参考书籍。

他的文章写成后，她总是第一个读者与批评者。

她为他抄稿，极为仔细认真，他每一种译著出版，她总是跟他共同校对。

他重要的谈话，她注意记录与整理，以便编辑成书；对他的文稿，她精心保管，哪怕是弃置的零章片页，也要保存下来。

鲁迅的生活，多了太多许广平的身影，然而，她又是一个贤能的主妇。

她无微不至地照顾着他，精心安排他的起居、饮食，并尽力替他排除琐事的干扰。对于他有限的收入，她精打细算，几乎没有浪费，不仅保持亲自下厨的习惯，还自己织毛衣、做棉鞋，当然，家务活也是由她全权负责。为此，鲁迅曾向人感慨地说：“现在换衣服也不晓得到什么地方拿了。”

他们的生活过得是十分紧张的。

这时期，鲁迅卸去了教书的担子，非但未见轻松，反而更加繁忙。

长夜的钟摆，把因劳累一天而疲惫的许广平送入梦乡，也把鲁迅拉到了书案前，他的身体和思维像上了发条一样，完成撰稿或其他工作，寂静与专注陪同他直至东方发白之际。

待到红日初升，许广平已经起床为他准备好早点，再安顿他躺下休息。之后，她则要接替他的班，开始一天的抄写、校对事项和繁忙的家务劳动。

于是，他们的家又成了频率极快的战场，一个当白班，一个守夜岗，周而复始，持续循环下去。

当然，日子并不总是一味单调而刻板的。

有时，晚饭过后，又无客人，他们会关掉灯，仅趁着窗外橘黄色路灯映射进来的光亮，相对而坐，谈天论地，颇是惬意。

有时，鲁迅奋笔写作，许广平在旁作陪，看报抑或做手工。当两人都生有倦意时，便转换阵地，一边饮茶，一边闲聊，再吃些零食。时间大概不算长，但愉悦染上心头，也是一天中的黄金时刻。

有时，他们也外出散步，或去看画展——在鲁迅这位注重精神修为的大师来说放松怡情是必要的。而看电影，就是两人都极喜欢的一项娱乐，这通常多由他提议，既为了休息，又是对妻子辛劳的酬谢。并且，考虑到她的眼睛稍微有点近视，他每次都会买最好的座位。

偶尔的惬意是温情的插曲，是浪漫的点缀，他们的家庭生活过得滋味十足，于是最大的欢乐也逢时降临了。

1929年9月27日，于清朗温煦的晨光中，爱情结出了果实，他们的儿子诞生了。

前一天上午，许广平已有明显强烈的腹痛之感，鲁迅忙把妻子送去医院。年近五旬的他，就要当爸爸了，仿佛在等待一个宏大颁奖典礼的开幕，真是又紧张又兴奋。二十多个小时后，孩子终于呱呱坠地，这位新晋的父亲，以一种欣慰而又诙谐的口气和他的骨肉打了第一次招呼："是男的，怪不得这样可恶。"

的确，就在前一会儿，因为她难产，医生还特地来征求他的意见：

"留小孩还是留大人？"

"留大人。"

他毫不犹豫地回应。但现在，看到母子平安，他深感幸运非常，喜不自禁。

这之后，医院又成了临时的家，因为最爱的两个人都在那里，鲁迅便只顾一趟趟地奔去，每天少也有两三次，送食物和其他用品。许广平床边桌上的小松盆景也是他带来的，为庆祝儿子的降临，又对旁的生命有了敬意。有时，庆贺的朋友成批前来，他更愿提早赶往，热闹之余，神情里骄傲难掩，而每当访客散去，他总在摇篮边静静地坐下来，良久端视着孩子的脸，而后温暾地由衷言语一句："真像我。"

但马上又补充："我没有他漂亮。"

语气急促，好像生怕下错论断，酿了什么大祸似的。

不过不出一会儿，他的脸上就呈现了幸福的红晕，这毕竟是他甜蜜的礼物。有了孩子，给他起个什么名字呢？

一天，鲁迅照例来到医院，坐定后，一派郑重地和妻子研究了起来。他先问许广平是否有想到中意的，她说没有，他道："想倒想起两个字，你看怎么样？因为是在上海生的，是个婴儿，我叫他海婴。这名字读起来颇悦耳，字也通俗。但却绝不会雷同。……如果他大起来不高兴这个名字，自己随便改过来也可以，横竖我也是自己再另起名字的，这个暂时用用也还好。"

自此，三个人的幸福填满了这个温馨的家庭。这欢乐，又浓、又深、又长，对于鲁迅而言，这是生命的馈赠。

原本打算裹挟着那段旧式婚姻做一世无望的交代，但他终于逃了出来。

因为她，他度过了生命中最安稳的十年，也是因为她的大力协助，这十年的创作成果，竟大大超过了以前的二十年。他当然引为自豪，并为此时常感念地对她说："我就爱你一个人。我要好好地为中国做点事，才对得起你。"

他在送给她的《芥子园画谱》上题道：

十年携手共艰危，以沫相濡亦可哀。

聊借画图怡倦眼，此中甘苦两心知。

忘记我，管自己的生活

1936年，10月19日。

鲁迅的生命行至了最后一刻，许广平守在身边，时常为之揩汗，眼神未曾离开他给予的凝望，他始终紧紧握住她的手，后终于同她诀别："忘记我，管自己的生活！"

这是他回归了一个普通的丈夫，留给妻子的遗言，但是她怎么可能忘记呢？

22日，许广平写下了给鲁迅的献词：

鲁迅夫子：

悲哀的雾围笼罩了一切。

我们对你的死，有什么话说！

你曾对我说：

"我好像一只牛，

吃的是草，

挤出的是牛奶，血。"

你"不晓得什么是休息，

什么是娱乐"。

死的前一日还在执笔。

如今……

希望我们大众

锲而不舍。跟着你的足迹！

天使和魔鬼的传说并非唬骗人心的伎俩，因为每个人都是一个双面的角色。男人需要崇拜，需要夸奖；女人需要保护，需要敬畏。于是，双方便有了契合的可能性，刚刚好结出爱的果实。

跨越死生，他们的关系仍紧密地勾连着。

许广平尽心竭力地投入到鲁迅著作的整理、集辑出版工作之中，她似乎和往日无多大差别，那些手迹、文稿、思想，于她如呼吸一般再熟悉不过。她又对他的书信、藏书、遗物进行了搜罗与保存，仿佛漏掉一点即是罪过。

她一次次地致信蔡元培、胡适、周作人等人，一遍遍与他们研讨、交涉、联系，为鲁迅著作出版事宜的妥帖与完善勤勉而行，乐此不疲。

当孤岛上海再度响起他的名字，那是《鲁迅全集》六百万字带来的震撼，那是《鲁迅书简》辑录八百余封书信与抄件带来的缅怀，此后，他，一直被国人热念着，而其中，多少读者才会想及一个许广平的身影？

她是不在乎的，依然只默默躬身于与他有关的岁月。后来，她将他的大量遗物，全部捐给国家，其中包括房产。一切遗物，经她这里一过，仪式已然达成，她便要将他交还给人们，交还给民族，交还给人类。

这一切，还未完。

对于国家给的稿费与版税，许广平婉谢了，她凭着书店每月支付的一点费用度日并坚持供养在北平的家属。

在致鲁迅母亲的信中，她恳切地说："你老人家千万不可太省钱，媳妇如同儿子一样看待，要钱用就托人写几个字通知一声，即寄上。"

如此，老人的衣食住行，她会关心到位，连其任何想看的书，她都悉心搜罗，从一而终。

同时，许广平对“大师母”朱安也保以尊重和资助。朱安曾拟出售鲁迅藏书，她闻讯后，马上写信过去，说“（此消息）如果确实，一定是因为你生活困难，不得已才如此做”“我愿意吃苦些”“尽最大的努力照料你”——毫无责备之意，反而充满了谅解。

这大概是两个同样善良大度、坦荡宽厚的女人最深切的一次交识了吧。此前，因为传统与世俗的枷锁，非得把她们对立起来，但实际上二人的相处颇有可赏之处。而如今，见许广平这般真诚，朱安自然被劝服了，在复信中也表示“宁自苦，不愿苟取”“不肯随便接受外界的捐助”，对此，许广平亦是敬佩的。

后来的日子，两人不仅再度见了面，还一同在北平生活了将近半个月。朱安不善于表达感情，在许广平回沪后，才给她寄信说：“你走后，我心里很难受，要跟你说的话很多，但当时一句也想不起来。承你美意，叫我买点吃食，补补身体，我现在正在照你的话办。”

这是1946年，恰为鲁迅逝世十年之际。

不得不说，以许广平在周家的特殊身份，能与朱安如此相待，亦算难能可贵了。

当年，她高扬——风子是我的爱，于是，一生都恪守践行这信仰般的宣言。

也许还可以说，正因为许广平在鲁迅的事业中精进不息，鲁迅才得以在人民的事业中鲜活永生。

鲁迅是一位英雄，而许广平以今人说来当属女强人。

他们之间互为明灯，又多在生活上相濡以沫，却亦含着绵绵蜜甜。当两人的通信集子《两地书》现世时，世人一定会惊讶地看到那句：“广平兄，我是你的小白象呀！”

〔遇见最好的爱情〕

不好的爱情让人变成疯子，好的爱情让人变成傻子，最好的爱情让人变成孩子。

一生相依相伴，相互扶持，彼此既是师生，又是夫妻，还是挚友。当他走后，她把自己称为那大众中的一员，跟着他的足迹，继续着他的事业。

一路擎旗高歌，一路借灯而行，他做她的教父，她做他的信徒。志同道合，绝不仅仅是一个正义的标志，而是一种郑重的承诺。

朱自清与陈竹隐

天不老，情难绝

1932年7月31日，始发自意大利的远洋客轮“拉索伯爵”号缓缓驶向上海公共租界的码头。

黄浦江上的薄雾之中，不知多少人已按捺不住归家抑或等待的心绪。聚散离合的故事，在这里，总是频频上演。时值盛夏，天气自然更为闷热些，黄包车成群结队，往来人流络绎不绝，空气本就湿热的码头因此又平添了些许烦躁。

在甲板的显眼处，一位着米色西装，戴金丝边眼镜的盛年男子，正四下张望着，他用急切的眼神搜索着什么，儒雅的气质下，焦灼却过早地流露了出来。

轮船靠稳后，他从拥堵的人群中尽量快地走下来，在码头上站定，目光变得更加急切。他的确开始有些急躁了，正在这时，迎接的人群中一位年轻的女子，笑靥满面，眼神恰与他的遇上了。

她梳着时兴的发梢微卷的齐耳短发，正向他走来；他竟也一改往常的内敛，激动得张开了双臂。这对相思了一年的恋人，终于又相见了！

是该到了修成正果的时候了。

第二天，朱自清预订了婚宴，并请人印发请柬。在忙碌了几天后，朱自清与陈竹隐于8月4日晚在上海杏花楼酒店正式举行了婚礼。

那一年，他三十三岁，她二十八岁。她虽然不是他的结发妻子，却为他养大了他与前妻留下的六个子女……

谁来敲心门

提起武仲谦这个名字，或许多数人都比较陌生。

其实，在你我皆知的朱自清名作《荷塘月色》里，那一句“妻在屋里拍着闰儿，迷迷糊糊地哼着眠歌”，早是熟读过的。

不错，这当中的妻，指的就是武仲谦。

十九岁时，朱自清在父母的包办下，与这女子结了婚。本以为如叶圣陶所说是“蜗牛背了个壳”，但因为这是一位典型的贤妻良母，彼此生活和睦而幸福。

那时，朱自清在清华教书。他不喜欢孩子哭闹，每到吃饭时，一溜儿孩子蜂拥围坐过来，有的要吃干饭，有的要吃稀饭，有的要喝汤……吵吵嚷嚷，令他心生烦躁，性急时挥巴掌打下去也是常有之事。只有在孩子们都吃饱喝足跑开后，他才算舒了口气。

妻子武仲谦则不同，她性格温良，说话和蔼，对孩子们总是有着极大的耐心。

在十二年风雨与共的夫妻生活中，武仲谦整日为家庭操劳，必要时，还拖儿带女地逃避战乱，日积月累，积劳成疾。三十一岁那年，她因一次严重的肺病永远地离去了。

这一撒手人寰，让朱自清深为思念：她本是扬州才女，嫁给他却日月操忙，侍他妥帖有余；而她之于他，并非像他的姑母朱安之于鲁迅一样，仅仅只是一个母亲送予的礼物，而是恩爱有加的生活伴侣。

没有了她，他的日子明显烦恼甚至艰难不少。清华园南院十八号的屋子，冷冷清清。朱自清一个人踱步着，他眉峰紧锁，目光深沉而痛苦。

此刻，萦绕在他脑海的便是扬州老家的六个孩子——最大的不过十岁，最小的女儿尚在襁褓中。他们在做什么呢？有没有吃饱穿暖，抑或健康与否？是不是仍顽皮至极、吵嚷皆欢，让年迈的爷爷奶奶照顾不及？

这两年多来，陪伴着他的就只有那“嘀嘀嗒嗒”的钟表声和夜晚的几点小星。失去了女主人，家便不再成为家，原来那些温暖的时光也偷偷溜走，再也没有回来过。甚至连朱自清每日的饮食都成了一大难题——一日三餐都由挚友俞平伯的夫人做好后差人送来。

此生应寂寞，随分弄丹铅。他甚至决定永不再娶。

可是，这般绵绵痴情，亦敌不过现实的残酷而无情的压力。没有温度的家，一群失去母爱的孩子，繁重而琐碎的家务更像一团乱麻，搅扰着他的心绪。而自己日日沉闷，生活上总麻烦善良仗义的朋友也不是长久之计。

无人料理，谁来料理？

朱自清陷入了沉沉的思量之中。

1931年春，“民国四公子”之一溥侗在西单大陆春饭庄，为其得意弟子陈竹隐特设相亲宴，作陪的有清华大学的两位教授，一位是叶公超，另一位则是朱自清。

这天，身为男主角的朱自清，穿一件米黄色绸大褂。他身材不高，白白的脸上戴着一副金丝边眼镜，文雅秀气。而那女主角，端正的面庞、开朗的性格、落落大方的举止，颇显艺术涵养。毕竟为初初谋面，俩人对坐着，都略带拘谨。好在，只一个多小时，宴席就结束了。

“哎呀，穿一双老式‘双梁鞋’，土气得很，我才不要呢！”

一回到宿舍，同去的廖书筠便笑着嚷开了，陈竹隐却有自己的见识：“我认为在那纷乱的旧社会，一个女子要想保持自己的人格尊严，建立一个和睦幸福的家庭并不容易，我不仰慕俊美的外表、华丽的服饰，更不追求金钱及生活的享受，我要找一个朴实、正派、可靠的人。”

他的文章，她是读过的，那质朴清新的语言、真挚细腻的情感所描绘的一幅幅恬静、色彩柔和、甜美的画面，都使她很受感动。她是敬佩他的。

就是这样差点告吹的恋爱开场白，让朱自清收获了一段荷塘清风般的婚姻。当身临与宴场合、明晓状况之时，他终于说服自己：该是迎接另一个人了。

想着一个人的名字

初次见面，陈竹隐给朱自清留下了深刻的印象。

她与他逝去的前妻截然不同，尤其是那份纯真、热情，好似一株清新的小荷，让他仿佛呼吸到了一股从全新的情感世界吹来的风。

自此，一段真正的恋爱展开了。

陈竹隐比朱自清小五岁，是个多才多艺的女孩。她的昆曲老师——红豆馆主溥侗，正是两人的说媒冰人。

一来二往，相识以后，他们就经常相约一起去吃饭、看电影。每一次赴约，陈竹隐总不忘精心地打扮一下。她很爱美，稍加整饬便显得清秀而白净。一双大大的眼眸，绝非犹抱琵琶半遮面般的羞怯，而是相当热情也相当主动。

浪漫的引子，淡淡地晕开了什么。

又是一个秋日的黄昏，深秋意浓，红叶漫天，朱自清和陈竹隐一前一后地漫步着……走着走着，陈竹隐轻轻地吟了一句："停车坐爱枫林晚，霜叶红于二月花。"

身后的朱自清随兴改了一首唐诗，立即接上："枫叶罗裙一色裁，芙蓉向脸两边开。乱入林中看不见，闻诗始觉有人来。"

陈竹隐听出诗中的趣味之后，刹那间羞红了脸。而当两个人都抬起头来时，双眸相遇，那份中意已经醉到了心里……

第二天，朱自清收到了一封特别的来信。

那是一束绯红的枫叶，伊人将之用一块精致的锦缎扎好，随书寄来，那字句亦是缱绻撩人。端详着眼前的礼物，朱自清大为感动。

随着感情的逐渐升温，彼此间的情书也不知换了多少甜蜜的称呼：开始时，朱自清称陈竹隐为"竹隐女士"，落款为"朱自清"；后称她为"竹隐弟"，落款成了"自清"；接着又从"竹隐弟"变为更亲切的"隐弟"，而"自清"也只剩下一个"清"字；再以后则是"亲爱的宝妹""隐妹"……二人的情意随着称呼不断变换，犹如朦胧月色下娇羞的荷在慢慢地绽放。

"隐弟：这一回我们的谈话似乎有一点和以前不同的地方，就是我们已渐渐地不大矜持了。"

"亲爱的宝妹，我生平没有尝到这种滋味，很害怕真会整个儿变成你的俘虏呢！"

"隐：一见你的眼睛，我便清醒起来，我更喜欢看你那晕红的双腮，黄昏时的霞彩似的，谢谢你给我力量。"

……

就这样，一封封地深恋下去了。

与陈竹隐的交往，改变了朱自清的内心情感世界，同时，也激发了他对新文学研究的兴趣。彼时，中文系的课程有着浓重的复古之风，新文学虽已兴起，但还没有人对这一阶段的文学史着手研究或深入总结，更别提在大学讲坛上开堂讲授了。

而朱自清就做了这样重要的尝试。他在清华大学中文系第一次开设了“中国新文学研究”的课程。如今，中国现代文学史已成为一门独立的学科，是大学中文系的必修课程，而这门学科的发端便源于朱自清。

正当事业和爱情齐头并进的时候，陈竹隐却突然对他们心心相系的感情生出顾虑。

虽然她与这个好男人情投意合，也很想将自己的终身托付给他，但是，每当她想到自己一个二十出头的青春少女，第一次结婚，还来不及享受二人世界的浪漫，便要成为几个孩子的继母时，就会感到压力很大。

她着实犹豫了。她不知道，自己能不能承受那副家庭重担；也不知道，两个人的爱情之火，能不能在柴米油盐的寻常日子中持久燃烧下去。

思量着，彷徨着，不经意间，她慢慢地有些疏远了他。

而他，感情如丝细腻，当然察觉到了这一点，因此伤感之意漫上心来。

是不是就这样，两颗心间，盘结的焰火就将冷却？

有段时间，陈竹隐开始刻意躲避朱自清，人是躲开了，心却止不住地牵挂与思念。他的来信上，倾洒的相思之苦绵远深长，他说自己寝食不安，他诉胃又开始疼痛；她捧读着，心魂撩动，担忧不安，恨不得马上去见他。

八月未央，长长的海岸线拉伸着两人的距离，或恰好解了这焦灼的尴尬？

朱自清启程赴欧洲游历讲学，他的内心还是深爱着陈竹隐，于是只能向她炽烈地表白。他不愿设想如何放弃这段恋情，常常因为不能及早收到她的信而焦虑、苦恼：

“一早就醒了，躺了一两点钟，想着香山，想着北海，想着黔阳馆，想着昨晚走过的路径，想着一个人的名字！

“这个名字几乎费了我这个假期中所有独处的时间！我不能念出，整个人看报也迷迷糊糊的！我相信是个能镇定的人，但是天知道我现在是怎样的扰乱啊。”

剪不断，理还乱。

陈竹隐又何尝不是如此呢？如果真要离开朱自清，心里确实是痛苦难舍的。因为自与他相识以来，她已逐渐被他那坚强的性格和高尚的人格征服了。

为了减轻父母的负担，他提早一年考入北大预科，这样按学校规定满两年就能考本科了；

他是个孝子，那篇真诚质朴的《背影》早就被选入民国中学国文教材，感动了无数的中国人。

他又确然可为人师表，教学上严谨认真。每每上课时，他总是竭尽全力、满头大汗，生怕有哪个学生错过或漏掉一点内容。有一次他给一个学生批改作文，改动了一个字。过了好几天，又把那名学生找去，对他说：“我想了几天，觉得还是你原来那个字好，还是改回去吧。”

他性格温和诚恳，待人彬彬有礼，学校里的工友帮他做一点事，他总是很谦恭地回敬：“劳驾！谢谢！”丝毫没有一点教授、名人的架子。

他还是位慈爱的父亲，六个子女的成长无时无刻不牵动着他的心，他们失去了母亲，如今还远离着父亲……

想到这里，陈竹隐的心间不自觉涌上了一阵酸涩，她自语："我怎么能嫌弃这些无辜而可怜的孩子呢？""我既然真心爱佩弦，就应当为他分担责任和压力呀！"

但陈竹隐却在结婚之前就已清楚地知道：自己一过门便要当母亲，照顾不止一个而是六个孩子，再加两位老人，更需要承担一大摊家务事……

年轻姑娘，望而却步，当然是可以理解的。但此下，这位善良灵秀的女孩义无反顾，她想站在他的身旁，与之患难与共，一生相守。

一切都只是——因为，爱。

这是一位自立的女性，一位个性独立的女性。爱对她而言，是福祉，而朱自清便是更大的受益者。当得知她的决定后，他欣喜异常，紧接着又写了一封情书：

"隐：十六那晚是很可纪念的，我们决定了一件大事，谢谢你。想送你一个戒指……"

甜美而艰辛的柴米油盐

1932年7月31日，朱自清从意大利回到上海。这对相思了一年的恋人，终于又相见了！在忙碌了几天后，朱自清与陈竹隐于8月4日晚在上海杏花楼酒店正式举行了婚礼。

他们经媒妁之言而相识，没有太多浪漫曲折的恋爱故事；他们才高却家贫，用了最新式的简便方法完成了人生里程碑式的庆典，甚至连洞房都只是一家旅社的客房；他们就这样朴素而又真诚地相爱并结婚了。

前来参加他们婚礼的客人很多，叶圣陶、夏丏尊、王伯祥、章雪村、胡愈之、沈雁冰、柳亚子、匡互生等文艺界名流，均到场贺喜。作为朱自清的朋友，他们总算又看到了他完好而幸福的模样。

而婚宴上的朱自清，也兴奋地喝了不少酒，以至于后来醉得不省人事。

6日，新婚夫妻俩乘轮船去普陀度蜜月，泛舟尽兴，颇为舒朗；20日，两人一起回到扬州省亲，接受亲属的祝贺。接着，陈竹隐来到清华大学图书馆工作，她为他生育了三个子女。再往后，她与他一道，挑起了一家十余口人的重任。

而其间柴米油盐的琐碎里，又会有怎样的考验呢？

生活的前景，陈竹隐是一早就知道的，甜美亦艰辛。为了让丈夫安心工作，为了家里大大小小的孩子，年轻的陈竹隐俨然进入了主妇的角色。画笔尘封了，昆曲搁置了，艺术梦想放弃了，她像做事业一般，把所有的精力都投入到与朱自清新组建起的家庭里。

并且，事情还远非如此简单。

有一种男人，他们性格极好，却大男子主义情结严重，他们不要求妻子有多少才华，而希望她们是居家务实型女人，照顾好孩子、先生，打理好家务就可以了。朱自清就是这样的男人。

朱自清需要也更想要的，是关心他、为他吃苦的女人。相较于电光石火般的激情，他更看重平淡又长远的互持；相较于需要浪漫点缀的爱情，他擅长于不离不弃的共度。

可是，这世界并非都是他所想要的样子。生命中的第二个女人——陈竹隐就不是他理想中的那类女子。她生长在书香世家，父母感情极好，兄弟姐妹十二个，甚是温暖，因而培养了善良浪漫的天性。

但上天为了公平起见，或犯了嫉妒心，不幸降临了。

十六岁时，母亲病逝，不久，父亲因悲伤过度，也随之离去。昔日幸福的大家庭，就在短暂的生死相别中，一下子散了。失去了依赖，她不得不坚强起来，很多事情都靠自己去努力。

从四川省立第一女子师范学校毕业后，为了能北上读书，陈竹隐一个人去青岛的电话局做女接线生。这与当今大学生打工挣钱大概还不一样，因为她的生计完全得自己打点。枯燥忙碌一年多，她终于攒够了“梦想经费”。

在北平的艺术学院，陈竹隐果然很出色，才情横溢。她不仅师承齐白石，学会了工笔画，还和女同学常去看那时流行的昆曲，回到宿舍便勤加练习，久而久之，唱得有模有样。艺术上的修炼，浸润在陈竹隐的性情里，她变得越发标致而有涵养了。

在这一刻，几乎人人都认为她会在艺术道路上展翅高飞，即便是结婚，也一定过的是抚琴弄墨、有声有色的日子。然而，谁能想象就是这样的女子，一结婚就变成几个孩子的继母呢？而那时的朱自清确是急于找一个帮手，帮他平定家里孩子成群的“灾难”，他当然忽略了陈竹隐与武仲谦的不同——陈竹隐是要爱情的。

凭着七十一封热烈缠绵的情书，他把她娶进家门。这个与他相差五岁的女子一过门就很不适应。

如何面对一大家子人？怎样把哭哭闹闹的孩子哄高兴？

这日日夜夜的焦虑惶恐、束手无策与无奈适应，朱自清却完全忽略了，以为陈竹隐也如武仲谦一样，会照顾好这个家。过门了，一切便不用他操心。

可是，她才初为人妻啊。生活的样子对她而言，来不及憧憬便被一圈孩子缠住了身。她不工作、不写生、不听戏、不会友，每天守着灶炉、缝纫机，守着孩子与丈夫，光是这一家子的饮食起居，就够她忙得团团转了。琐碎必然，厌烦必然。何况她性格本就开朗，年纪尚轻，是留恋一些热闹的。但那又怎么样呢？

婚后的日子淡如白水，也着实没有什么多余的空隙添加新鲜内容。孩子那么多，哪一个不需要时刻照顾？看着朱自清挣钱养家很吃力，陈竹隐就是想去找工作填补家用也抽不出身来。于是，这两人只得各有分工，各担使命，压力之大，不相上下，联络感情的事，当然就显得奢侈。

他天天熬夜写稿，却也只是日作五百字……她夜夜看着他沉默的身影，越发郁闷，就是想同他说话、聊天，每每也打消了念头，一声叹息作罢。

有一日，朱自清像往常一样回到家，见桌上的饭菜已凉，脸色就有些不好看。他本是习惯了受到照顾，因为武仲谦是如何也不会让他吃凉饭的。朱自清于是不免嘟囔一句。就这句不高兴的话，让陈竹隐原先牢牢包藏的情绪一下子泄露了出来，收拾碗筷时，她叮叮当当，碗锅间的击打声响动得厉害而持续。

识见此状，朱自清不由得又生气又伤心，情不自禁地就念起武仲谦的好。正是在这一阶段，二人的矛盾最为严重。

好不容易陈竹隐的朋友宁太太来访，闷在家里的她自是高兴坏了，热闹地与之叙旧谈论了起来，完全忘记了朱自清还在室内工作。从戏曲爱好聊到同学情谊，从女人服装聊到当前时尚，两个女人聊得越发起兴，乐此不疲，尤其是陈竹隐可算是解了这些时日的苦闷。在一旁读报的朱自清却觉得遭了殃，他被吵得心烦意乱，脸色也黑沉了下来，良久良久，像一个受气的孩子……

这场景也是他与武仲谦在一起时，从没有发生过的。朱自清是承认的，他总以自己的心思来想象对方的反应，这当然导致心中的天平难以获得平衡，感情之塔也有点倾斜了。

一天傍晚，他路过旧居西院，只见夕阳拉扯着残影迟迟不肯离去，正如他一般。晚风中，枯树被吹动着，发出瑟瑟哀鸣。和着心音，一股凄恻之情猛然袭上，他不由得想起武仲谦在世时这院子里的情景，如影如昨，恩泽重重。回到家中，他的心里还不能平静，于是提笔赋诗三首：

月余断行迹，重过夕阳残。
他日轻离别，兹来恻肺肝。
居人半相识，故宇不堪看。
向晚悲风起，萧萧枯树寒。

三年于此住，历历总堪悲。
深浅持家计，恩勤育众儿。
生涯刚及壮，沈痼竟难支。
俯仰幽明隔，白头空自期。

相从十余载，耿耿一心存。
恒值姑嫜怨，频经战伐掀。
靡他生自矢，偕老死难谖。
到此羁孤极，谁招千里魂?

深夜里，四寂无声，只寒风无序地拍窗低吟着。他凭灯伏案写作，某一空当儿，又强烈地念起武仲谦。往事如潮水一般狂烈扑来，在这静夜之海中亦更有汛期之势，他再也控制不住自己的感情，便在桌上铺开稿纸，低头写道："谦，日子真快，一眨眼你已经死了三个年头了。这三年里世事不知变化了多少回……"

感情的天平，难道真的要失衡了吗？

他有他的怀念，她更有她的不悦。

陈竹隐无所想望，因而对家乡成都的想念特别深浓。烦琐的生活细节，让她对北平平添了不知多少不喜欢，这里的街道、学校、杂货铺，她都看不顺眼。她还觉得结婚没意思，心里又至为烦恼，就不想过这日子了。终于在那一天，陈竹隐忍不住哭泣起来，朱自清顿觉莫名，急忙问她怎么了，但她更觉委屈，索性将这些天的不满全部发泄出来——她的悲伤，她的寂寞，她的忙乱，她的种种。

朱自清看着眼前的女子，像訇然中开，才恍见一个巨大真相，他愣住了。

他忘记了：她可不是一个吃饱饭就没要求的女人。

想到这些，朱自清犯了愁，不知道该怎么办才好。凝望着她委屈的样子，再遥念初识她的时光，他——有些过意不去。

当爱情遇上婚姻的摩擦

有多少深深的爱恋，败在了柴米油盐的琐碎中？

有多少执手话白首的誓言，输给了现实的细节？

爱情的美好憧憬，遇上了婚姻的摩擦，原来，这在如今常见的感情症结，文学大家朱自清是早有遭逢过的。

值得庆幸的是，爱，战胜了一切。爱情的列车要继续往前开，日子要继续过下去，达成一致后，两个人便得各做让步与改变。

朱自清开始适应这个家。他不再只顾读卷写书，也抽出一些时间陪陈竹隐，安顿好孩子们后，夫妻俩便像寻常市井伴侣一样一起出去散步，有时也去听听戏。女人总是容易满足的，虽然只是偶有闲情才去几次，但陈竹隐还是快乐起来了。

陈竹隐也试着调整自己。她像当初恋爱时那样，也参与到他的工作中。朱自清在写作时，陈竹隐有时也提供自己的意见。一次他写一篇散文《女人》，其中有一句："在路上走，远远的有妇人来了，我的眼睛像蜜蜂们嗅着花香，直攫过去。"

他推敲着，句中的"攫"字本意是指手的动作，用在这里，是否合适呢？陈竹隐想了想，说："这样一用，画面的跳动感更强，给人的感受也更显急切和热烈。"

有了陈竹隐的支持与肯定，朱自清对于文字的把握更为精准，对想象力的发挥也更为自信。以后类似的问题，他与陈竹隐讨论得更多了，生活的品质也改善了不少，夫妻间的感情也在不知不觉中得到了滋润。

就这样，彼此接受着，适应着，体谅着，日子越过越好了。

婚姻的危机安全渡过后，朱自清与陈竹隐之间再无风浪，从此，便一心只顾甘苦与共。生活上依然清贫，但也其乐融融，各有所担。

朱自清每月薪水只够买三袋面粉，全家吃是不够的，只能先紧着孩子们。而他饮食一不规律，胃就不好，所以时常犯病。衣食隐忧对这一家人来说，真是顶要命的，朱自清只能从自己这里尽量俭省。到了寒冬时节，棉袍子自然是连想也不去想的，天气特别冷，挨不住时，他只希求在卖毛料的小店里能淘点合适的便宜货。也许上天怜人，在那里，他意外找到一件旧披风，马皮质地，大概是给赶马车人穿的，但这又有什么关系呢，他花很少的钱购得，且由内而外地感到一种得意。

陈竹隐为他又添了孩子，家里需要供养的小生命就更多了。到后来，孩子们该请家庭教师了，但这位母亲手头实在没有多余的钱。她万分焦急，又不想让丈夫为此分心，就偷偷地跑到医院去卖过好几次血。

日子，艰辛却也有滋有味，贫苦却也甜美温暖。

1937年，随着时局的动荡，朱自清带着家人随清华南迁到昆明。

国破家何兴？这时期，大概朱自清与陈竹隐都是感怀尤深的。他们的日子更加窘迫难挨了，严重时甚至连一日三餐都不能保证。大人尚且能忍能熬，但一群饥饿难耐的孩子如何维系身体健康？陈竹隐很是心疼，又焦虑，她看着日渐消瘦的丈夫，愈发觉得这样下去不行，应该做出改变。

为了减轻朱自清的负担，也为了能让他尽量专注地工作，陈竹隐毅然决定一个人带着孩子们回老家成都，她身体也是柔弱的，朱自清看在眼里，内心五味杂陈，可是他还有什么更好的办法吗？从此，夫妇二人一个在成都，一个在昆明，聚少离多自是不可避免。

想她那样一个秀外慧中的女子，自从嫁给自己以后，便逐渐放弃了从前所向往的生活，毅然承担起了一家老小的生存重任。她那双日夜操劳的手，不知多久没有碰过画笔了，她那副时常干渴疼痛的嗓子，再也唱不出婉转的戏文了。

唉——

一声叹息以后，他顿重地念起了几年前写给妻子的诗作《妇难为》：

妇詈翻成幼妇辞，却怜今日妇难为。
米盐价逐春潮涨，奴仆星争皎月奇。
长伺家公狙喜怒，剩看稚子色寒饥。
闲嗔薄怼犹论罪，安得诗人是女儿。

……

他如何不惊叹，这小小的身体里蕴藏的女性的力量、母性的光辉？

确然，如亦舒所言：“为生活，前无去路，后有追兵，才不得不沉肘落膊，忍辱负重地背起工作担子，工多艺熟，日后自有长进。”

仿佛一夜之间，陈竹隐完全收起了往日的一些小脾气和偶尔的怨怼。在家国危难之际，她深明大义，坚定地担当起这个家庭中尽量多的重荷。是责任，是爱得深沉，是隐忍，是情已升华。

“佩弦，你的命运早已和清华的命运紧紧相连，决不能在学校境况危险的时候苟且偷安，你留在，生活在日本人的监视之下，这是怯懦，是屈辱，你一定不能这样做。我知道你是放心不下我和孩子，但我向你保证，我一定尽全力照顾好咱们这个家，总有一天，我们一家人还会团聚的。”

她是这样说的，也这样做了。而这一切的动力，皆来自他的深知与理解——她对此好庆幸，所以也便够了。

偶尔安闲的夜晚，孩子们都睡熟了，陈竹隐就会拿出自己珍藏的一卷挂轴来细细欣赏。这是朱自清送给她的一份礼物，内容是一首诗，是他刚刚南下时，思念她而作的：

勒住群山一径分，
乍行幽谷忽千云。
刚肠也学青峰样，
百折千回却忆君。

这对曾经在婚姻之初有过不合拍的夫妻，经历过太多磨难的调和以后，至此，真是前所未有的心意相通。

凛然正气，是他们骨子里共有的特质。

1947年，为抗议国民党当局任意逮捕群众，朱自清在《十三教授宣言》上签了名。这时他已身患严重的胃病，国事当前，看病是没心思了，再说也没钱看病。所以耽搁，实是必然。

1948年6月18日，朱自清在《抗议美国扶日政策并拒绝领美援面粉宣言》上郑重地签了自己的名字，提笔时，他语气愤然地说："宁可贫病而死，也不接受这种侮辱性的施舍！"

从那一天开始，朱自清一直忍受着饥饿的折磨，身体当然就山河日下了，他要求家人也拒绝食用美国援助的面粉，孩子们的肚子，仅靠着陈竹隐对家中存余的一点粮食的悉心分配，勉强维持。一个多月后，朱自清胃溃疡穿孔，不得不住进了医院，之后并发症连连，竟就这样过早地结束了这才华横溢的一生。

"我是在拒绝美援面粉宣言上签了名的，我们家以后不买国民党配给的美国面粉。"临终前，他还一再如是叮嘱妻子，陈竹隐含泪点了点头。

她看着他合上了双眼，心里和千万人一样，感到遗憾——他才刚刚五十岁啊！

一代文学大师，终究在贫病中饱含辛酸地走了，清华的讲坛再没有了他的音容笑貌，广大的读者再看不到他绵延细腻的文字，而陈竹隐再没有了与她并肩站立的患难身影……

他离开时，她还只有四十五岁。这个女人选择了坚强，她独自带着孩子们艰难地走过了四十二年的漫长道路，直到孩子们一个个都长大成人，独当一面，成家立业。

她一直善待他所有的孩子。在朱自清的大儿媳妇经济窘困时，她每月都寄去三十元钱以做支援，而大儿媳不知这是陈竹隐工资的一半。闲余的日子，她全部用来整理朱自清的书稿，像极了旧日在一起的时光。

1990年，带着对孩子们的眷恋，陈竹隐离开了人世。她终于摆脱了所有的疲倦，也终于能够在天堂里与丈夫继续做伴。她是幸福的。

父母已双逝，徒留子女们的无尽怀故。

在陈竹隐过世七年后，他们搬家时意外地发现了一只小箱子。端详其外形，不难猜测是父亲朱自清生前所用过的，而母亲大概一直精心地珍藏着它，子女们也是第一次见到。

轻拭灰尘后，他们将之开启，却惊讶地看到，里面原来完好地保存着七十五封书信，其中七十一封是在恋爱期间父亲写给母亲的，还有四封是于婚后写的。

封存的岁月，在这一刹那，倏忽又舒展开来。那是一段年轻而温情的爱恋，经年以后，沧桑落幕，一张张信纸虽已泛黄，但这毕竟是光阴的美好沉淀与絮语的深刻叮咛。隔着老房子的落拓光线，这一切显得尤为珍贵。

你能想象吗？七十五封爱的信件，竟保存了这么多年！它们不仅记录了一个男人对一个女人的炽热情感，承载了一段绵长婚恋的刻骨铭心，更是一个孤独的女人大半生感情的精神寄托。

此情此爱，何以言表！

清华园的荷塘里，那荷香清新芬芳，那荷风清婉怡人。在如幕的蓝天下，在如银的月色里，一代文学大师朱自清的这段美好姻缘，又何尝不是像这柔情的潭水一样，纯净、透亮、沁人心脾呢？

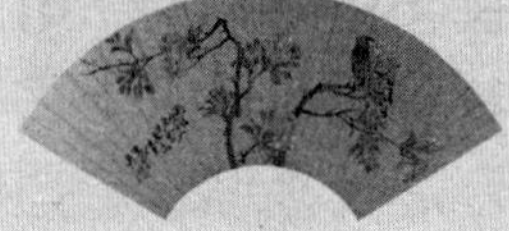

〔遇见最好的爱情〕

数着柴米油盐酱醋茶的日子，过着琴棋书画诗酒花的生活。

任谁都愿意两全其美，形而下的物质层面与形而上的精神层次，哪一项都不曾偏废。但赤裸而琐碎的现实中，偏偏这正是难题。

原来，乱世佳人的故事，并未有多少神秘莫测之处，只不过是平凡情愫的至真流露而已。

爱是爱，生活还是生活，各有各的秤砣。大多情形下，付出与收获根本无法对等，但难能可贵的是，彼此都愿意义无反顾地为对方付出，这不失为一种新的平衡婚姻的法则。

沈从文与张兆和

花事未了，怎奈岁月留白

我行过许多地方的桥，

看过许多次数的云，

喝过许多种类的酒，

却只爱过一个正当最好年龄的人。

《从文家书》中随处可见这样深情有风致的句子。它的作者沈从文拥有着小说家的梦幻与炽烈、文艺作家的慷慨、多情，却唯独对一位女子倾诉了一生的心意。

她就是“合肥四姐妹”中的张家三小姐——张兆和。

在中国公学，张兆和不一定是众星捧月级别的校花，但也是个出落得娉婷婀娜的传统美女。从现在的黑白照片中，她的芳姿依然秀美，让人不禁神往：额头饱满，鼻梁高挺，秀发齐耳，下巴稍尖，轮廓分明，清丽脱俗……更重要的是她身带大家闺秀的气质——端庄、羞涩、文秀。

不经意撞上来的爱情

认识张兆和的那天，是沈从文第一次登上讲台。

他被上海中国公学校长胡适破格聘为讲师，就此告别了在狭小、阴寒的房间里饿着肚子，裹着被子，用手止着鼻血写作的生活，让他从一个连标点符号都不会用的人成长为一名闻名全国的作家。

如果他早知道，在事业踏入正途之时，爱情也不经意间撞上了眼眸，他该会多么高兴地欢呼起来，是否会像个孩子一般？

这是1929年的夏天。

开学第一堂课，许多学生听说是沈从文讲课，便纷纷慕名而来，要一睹这位文学新秀的风采。

但初出茅庐的沈老师走进教室，看到底下人头攒动，紧张得说不出话，脸也涨红，一时慌了阵，只好在黑板上写了几个字解释——请等我十分钟。

十分钟过去了，他还是支吾着语不成句，继而又不得不写——请再等我五分钟。

漫长而短暂的五分钟后，他终于开口了，语气急速而不连贯，只十多分钟就把准备讲一节课的内容念完了，因为湖南口音重，语速又快，学生们收获的几乎只有他的窘况，至于内容，是没听明白什么的。

讲毕，沈从文看着学生，再度沉浸于沉默的惶然中，时间在学生注视的眼神间静静过去，最后，他在黑板上写着："你们来了这么多人，我紧张得要哭了。"学生大笑不止。

新任的老师闹尽了笑话，尴尬与感激并存；而目睹这一窘况的学生中，正有沈从文日后苦苦追求，最终成为他夫人的张兆和。

若说第一印象，她只将他的紧张、语无伦次尽收眼底，自然毫无好感可言了。

张兆和出身富赫，家境优越，人又标致，身后追求者成批成队。如此之势，她却可爱地想出个绝妙的主意，将他们一一进行编号：青蛙一号、青蛙二号、青蛙三号……而在此追求者之列中，沈从文处于一个怎样的竞争环境呢？论资历，小学没毕业，又没留过洋，也并非教授，不过是刚做老师的新作家；论性格，木讷呆板，不善言辞，完全没有那种乍见就讨人喜欢的元素。用二姐张允和的话说，他只能算是“癞蛤蟆第十三号”。

但是，“癞蛤蟆”偏偏对“白天鹅”情有独钟。许是基于对自己性子的了解，许是源于对伊人感情的热望，沈从文采取了一种擅长而偏执的方式——情书，很快他便展开了行动。他铆着劲儿想要将她打动，今人看来，又觉得这不失为一个作家有效而接近成功的途径。

第一封情书，没有密密麻麻的心音流露，只由十几字那么唐突一表白：“我不知道为什么忽然爱上了你？”

展信便是一脸吃惊，张兆和完全不能把这般大胆直白的情书与第一次上课紧张得语无伦次的老师联系在一起，她对这件事有着几许不以为然。

她没有回信，以惯常思路认为沉默不应即是干脆的拒绝。但沈从文的信件越来越多，也不如原先简洁了，每次收来都如卷沉重，让她不胜其烦。她在日记中写道：“又接到一封没有署名的S先生的来信，没头没脑的，真叫人难受！”

然而，作家的情书如流水一样源源不断地向她流淌而来，且似乎对这爱的归宿之路笃定不移，发力也愈加猛烈。他在《我欢喜你》一诗中写道：

你的聪明像一只鹿，
你的别的许多德性又像一匹羊，
我愿意来同羊温存，
又担心鹿因此受了虚惊：
故在你面前只得学成如此沉默；
（几乎近于抑郁了的沉默！）
你怎么能知？

我贫乏到一切：
我不有美丽的毛羽，
并那用言语来装饰他热情的本能亦无！
脸上不会像别人能挂上点殷勤，
嘴角也不会怎样来常深着微笑，
眼睛又是那样笨——
追不上你意思所在。

别人对我无意中念到你的名字，
我心就抖战，身就沁汗！
并不当到别人，
只在那有星子的夜里，
我才敢低低的喊叫你底名字。

平常人见此般诗，就算无情，估计也会为其间真挚、天真、美好的情感及流动、深韵、含蓄的才华所震动，但事实显然是，漫长的恋爱战线，在一种典型而纯粹的单相思中开启了。

沈从文涨潮似的追得很紧，一次次都将深情推至岸边，而张兆和丝毫未动，只是沉默。她大概能肯定他是个好人，但要说感觉，根本是谈不上的。她仍旧缄默，对求爱信照例不复。

但沈从文不管这些，依然勤快地写着。在爱情面前，他做了一个专注的耕耘者，只顾播种后的灌溉。他每天都会给她去信，甚至一天里就好几封，而且还都很长，如此之势，半年下来就有了上百封。

往后，得不到张兆和的回应，沈从文开始走迂回路线。

他找到她的室友王华莲，试图探问一下意中人的态度，并希望其能够助自己一臂之力。但很明显，他不仅没找对帮手，还因为知道了更多信息而受了挫：张兆和身后优秀的追求者众多，他只是其中之一；她收到的求爱信数量极多，无一例外都不予回复，全数忽略；她要多花时间念书，感情估计属于无关紧要的事之类；况且，她也很烦别人老写信给她……

此时的沈从文几乎看不到任何希望，心下黯然，言至动情处，便忍不住伤心痛哭，泪流满面。在虔心请来的信使面前，他就这样孩子般地不能自已，然而王华莲非但没有受其感染，甚至连一丝恻隐之心都未有显露。也许，在她想来，这个动不动就哭鼻子的“乡下人”实在没法与高雅俊俏的张家三小姐相匹配，所以，她不会是他的同盟，相反，还极有可能说一些不利于他的话。

你是我的神

当沈从文将苦追不得的爱情历程告诉胡适时，这位“资深”

的牵线人爽然表示愿意出手相助帮他解决难题，并深信自己出面，结果应该没什么意外。

然而，胡校长到底高估了自己的能力。

1930年7月的一个下午，张兆和气势汹汹地来到校长办公室，略显腼腆的学生装束，和她手里拎着的一大摞“证据”充满了反差，又因整合于一体，透露了强烈的故事意味。她做好了向胡适“揭发”沈老师不当行为的准备。并且，因为这雪片般的情书，学校里谣言四起，她感觉困扰至极。

“沈老师给我写这些可不好！”

“有什么不好！我和你爸爸是安徽同乡，是不是让我跟你爸爸谈谈你们的事。”

“不要讲！”

“他非常顽固地爱你！”

“我很顽固地不爱他！”

对话之初，胡适按原思路出牌，对沈从文在文学上展现的潜力大加肯定与夸赏，认定了这是位天才，是中国小说家中最有希望的。但与张兆和简明的几句交谈，却发现她的态度那样坚决，毫无回旋可能，才作罢，“不再唠叨”了。他摇头，自顾自地叹了口气，并说：“社会上有了这样的天才，人人应该帮助他，使他有发展的机会！”

言外之意，大概便是——张兆和呀，你是这样不积极帮助一位天才。

在随后写给沈从文的安慰信中，胡适说：“我的观察是，这个女子不能了解你，更不能了解你的爱，你错用情了……你千万要挣扎，不要让一个小女子夸口说她曾碎了沈从文的心……”

当然，这种劝慰是毫不奏效的，他继续飞蛾扑火。他止不住地一写再写，一抒再抒，一味低向那尘埃里，不论花开与否。

而此间的张兆和是怎样的姿态呢？继那场对阵双方均以失败告终的对话后，她在日记里抒写了自己的爱情观：

胡先生只知道爱是可贵的，以为只要是诚意的，就应当接受，他把事情看得太简单了。他没有知道如果被爱者不爱这献上爱的人，而光只因他爱的诚挚，就勉强接受了它，这人为的非由两心互应的有恒结合，不单不是幸福的设计，终会酿成更大的麻烦与苦恼。

在这场爱情激战的初始阶段，张兆和保有着名门淑女的矜持与骄傲，尽显高贵与疏离感；而沈从文无疑怀抱着一个“乡下人”的多情与谦卑，执着地仰视并欲图对之倾尽他的能量。两人的位置一高一低，至大倾斜，有如奴仆对女神的遥望，所以在这份爱里面，哀愁比美更甚。那是求之不得，是寤寐思服，是日夜相倾的苦与甜……

每次见到你，我心上就发生一种哀愁，在感觉上总不免有全部生命奉献而无所取偿的奴性自觉，人格完全失去，自尊也消失无余。明明白白从此中得到是一种痛苦，却也极珍视这痛苦来源。

我把你当成我的神……许我在梦里，用嘴吻你的脚，我的自卑处，是觉得如一个奴隶蹲到地下用嘴接近你的脚，也近于十分亵渎了你的。

望到北平高空明蓝的天，使人只想下跪，你给我的影响恰如这天空，距离得那么远，我日里望着，晚上做梦，总梦到生着翅膀，向上飞举。向上飞去，便看到许多星子，都成为你的眼睛了。

你看，他确是顽固地爱着她啊。

并且，他的信不独是浓郁情愫的肆意释放，亦有婉转温柔的娓娓道来，像一场和缓的谈判，同她讲道理似的。而诚挚的文字中，又包藏着非你莫属的韧劲。

爱情的液体，男人或豪饮或细品，一旦上瘾，都会变成痴情的傻子，变成虔诚的奴隶。不过有幸经此甘霖，得此殊遇，逢此女郎，便也不枉来这人世间走一遭。

沈从文的确这样表达了！

平淡的字里行间，透露出他对她那种深浓到无法稀释的真情。

而对此，张兆和最有发言权，她见他在绵绵絮语与软硬兼施中不追奔逐，在温柔长情与生硬戾气间时有徘徊。对于她的不予回应，他有表示，即使遭拒绝，也没什么关系，自己会做一个积极向上的人；但也发出过恐吓，比如扬言自杀。

他有些疯狂了，或者说大凡热恋中的男人都是小孩子模样，偏执尤盛，更何况是痴情汉沈从文呢？

7月11日，张兆和收到沈从文当日的首发信，这有点不一样，字迹出奇地大，还改了往日的称呼，叫她“兆和小姐”！

7月12日，在收到一封六页长函后，她在日记中写道：

看了他这信，不管他的热情是真挚的，还是用文字装点的，我总像是我自己做错了一件什么事因而陷他人于不幸中的难过。但他这不顾一切的爱，却深深地感动了我，在我离开这世界以前，在我心灵有一天知觉的时候，我总会记着，记着这世上有一个人，他为了我把生活的均衡失去，他为了我，舍弃了安定的生活而去在伤心中刻苦自己。

一个女孩微妙、复杂又善良的心思，仿佛轻风拂过琴弦，发出小小的一丝回应，但又无疑是深刻而美的。不管是同情还是打动，她至少现在打算一生都记着这份不顾一切的爱恋。

带着赤诚爱意的文字，终归是有温度的，它大概已悄悄漫上岸，随心海情波摇曳着，晃荡着，亦不时被风浪冲击着，于是他积蓄的卑微，也开始拥有能撼动她顽固的高贵的心的可能性了。

7月15日，张兆和又在日记中写：

他爱我爱得太深切了。他仍然没有放松他的想头……唉，这一场孽债，哪里是他的前因，将生怎样的后果，何日才得偿清！……知道他在失恋后将会怎样的苦闷，知道……她实在是比什么人都知道得清楚，但是她不爱他，是谁个安排了这样不近情理的事，叫人人看了摇头？

流年的设计，垂怜给每一个陷在爱情之中的人的，都是意外的礼物。记下这段话的张兆和，在困惑与犹豫中深坠，在苦恼与惶然中怜悯，她不知道，她一生的牵念与惊动都要系结在不倦追求她的这个人身上，她今后的命运与道路将和这个人一起走过。

如果说，起初她不知用什么方法回绝，只任由沉默表达抗拒；那么，现在她是无从选择，没有力量和勇气抗拒。何况很多人，包括她的一些老师，都是支持他的。她该做何反应？

未知，一条未知的深河横亘在两人之间。

尽管如此，但沈从文并非没有收获。

或许人人都以为他在中国公学把精力投注在了师生恋上，其实不然，他的创作非常丰富，可能是爱情带来的莫大动力吧。不仅出版了《从文自传》，而且在这里，他尽其所能对学生给予支持与援手，罗尔纲、吴春晗、何其芳等都在此列。

8月，沈从文向胡适提出了辞呈，先在国立武汉大学就职，一年后，经徐志摩推荐，他才遂了愿，到杨振声任校长的国立青岛大学任教，教《小说史》和《散文写作》两门课。

原本以为距离的拉长，可以减轻内心的相思之苦，但沈从文对张兆和的情意依然未有所放下。心间的姝女，相貌清秀、肤色微黑，影影绰绰，盈盈动动，拍打着，闪耀着，搅扰着他的生活，于是，他提起了笔，再一如既往地写着情书，向着那熟悉的地址，倾心的人儿，一封封地寄去，偶尔还将在海边挑拣的漂亮贝壳或彩色石头，一同送上，逐渐靠近了张兆和的心岸。

他写过："'蒲苇'是易折的，'磐石'是难动的，我的生命等于'蒲苇'，爱你的心希望它能如'磐石'。"

她想："自己到如此地步，还处处为人着想，我虽不觉得他可爱，但这一片心肠总是可怜可敬的了。"

在沈从文马拉松式的爱情攻势下，张兆和坚如磐石的心也开始动摇起来。正如她后来回忆的，"我什么时候开始对这个'乡下人'的看法逐渐改变了，真是一点也想不起了"。

四年追逐，眷属终成

比起骄矜的张兆和，对沈从文更早表现出青睐与接纳的是她的家人。

1932年暑假，张兆和毕业后回到苏州，沈从文追随而来，敲响了九如巷三号张公馆的大门。他直接来找她，并且，为了深得她的欢心，还卖掉了一本书的版权，托巴金选购了一套英译精装本的"俄国"小说作为见面礼。

但谁知，他到访时，张兆和不在家中，去了图书馆。这一下，百般精心准备与千般忐忑思量，都抵不上这一刻的怅然，他以为她故意不见，一时伫立在门口，举步无策。

好似整个世界都静止了。过了一会儿，张家二姐张允和出来，请来客进家中坐，但他怎么也不肯，坚持回旅馆去了。想必思绪烦乱吧，但他不知道，自己刚才亦是去对了时候，因为巧遇了“媒婆”。

张允和侠肝义胆，又极愿玉成此事，等到三妹回来，便劝她去问候沈从文。一番“道理”没见效，张兆和不去，二姐索性直接教她：“你去就说，我家兄弟姐妹多，很好玩，请你来玩。”

这下，张兆和肯去了。她怯怯地移步旅馆，一见到人，就如小学生背书似的，把在家学的“功课”原封不动地讲了出来，之后，再也没有第二句。

这一情景，颇有情窦初开的意味。

而那沈从文，在忧心忡忡之际，突然听到了轻细的叩门声，忙跳身起来开门，一看，眼前站着的正是他苦苦等待的张兆和，并且她还第一次主动地向他发出了邀约。这是多么大的馈赠。

他深感从未离她这么近过，他当然得抓住这个渴望太久的机会。

沈从文在苏州一住就是一个星期，他对到访张家这件事十分重视，犹如虔敬地履行义务，每天朝至夜归。在这期间，不仅是二姐张允和帮了大忙，就是张家小五也特别喜欢听他讲故事。沈从文这一趟登门拜访，可谓受到了张家的极大欢迎，由此，他与张兆和的感情也有了迅猛进展。

经过三年的情书追求，爱情，终于在一个盛夏有了美满的结果。

下一步就该提亲了。

当时张兆和的父亲和继母住在上海，他没有见到，于是回青岛后写信托张允和征询其父对婚事的态度。

父亲张武龄思想开明，主张儿女婚事由他们自理，这次他也不持异议。虽然知道沈从文一文不名，但听闻其才华后很是欣赏，加上张家姐弟对之印象都极好，特别是二姐张允和美言促成，张武龄欣然答应了这门亲事。

得到父亲的明确意见后，姐妹俩一同来到邮局发电报，让等待的那一方也早点知道这一喜讯。

山东青岛大学沈从文

允。

张允和的一个“允”字，既表示婚事得到家长允许，又一并说明了打电报之人，一举两得。二姐夫周有光后来回忆道：“这一个字有两个作用……所以实际上呢，就叫半个字的电报，姓名不算呢，只有半个字，半个字的电报也是很古怪的。”

此时的张兆和也体味到恋爱的美好，她心思缜密，怕沈从文看不懂，于是又拟了一封电报稿：

乡下人，喝杯甜酒吧。

但好事多磨。彼时的电报员见惯了文言文，遇这封奇怪的白话内容，不肯发送，估计认为是什么特务密电吧。张兆和着急地好一番解释才同意。电报员哪知道，面前的姑娘要发的是一封爱的“蜜电”。

就这样，沈从文全凭一股执着的韧劲，终于牵手了他心目中的“女神”，换来了这封弥足珍贵的电报情书，喝到了梦寐以求的甜酒。

握着手中的来报，沈从文看了又看，沉浸在前所未有的欣喜中。他转而想到什么，急忙去向国立山东大学的时任校长赵太侔申请一个适合张兆和的职务。为了成人之美，这位校长请张兆和到图书馆工作。1932年秋天，在青岛这座海滨城市，在国立山东大学这所校园里，张兆和与沈从文终于走到了一起。

爱情的得胜，当然激发了他无穷的创作灵感，再加上空气舒朗，他过得一段精力分外充沛的日子。他每天只睡几个小时，教书之余的时间全部用来创作，尽情地挥洒着爱情的甘露。

1933年春天，沈从文与张兆和订婚，青岛的海边，漫步的足迹印成了感情的见证，嬉戏的欢颜染上了清朗的色调，从此，生命的合流开始温情流淌，恣意奔腾。情信便是心，等待虽漫长，但花开有尔就好。同年9月9日，在秋意高隆的北平，俩人正式举行了婚礼。

这位“乡下人”终于如愿以偿，喝上了爱情的甜酒。

婚后的时光里，沈从文与张兆和感情水乳交融，幸福喜乐。他将她写进一部部作品里，《凤子》《三个女性》《三三》《长河》……

二人游览崂山与北九水，青山绿野，泛舟于中，静看风光素素，细听水声潺潺，一位淳朴女性正在洗衣，动作轻快，看上去美丽极了……沈从文将这一切都凝定于脑海中，后来酝酿创作了《边城》，其中的翠翠，皮肤黑黑，既捕捉了湘西女性的天真柔和，也蕴藏着崂山妇女的精灵勤勉，当然还有张兆和的聪明样子。

而他们写信也亲昵地称唤彼此“三三”“二哥”，真是惹人艳羡不已。

乍醒时，天才蒙蒙亮，猛然想着你，猛然想着你，心便跳跃不止。我什么都能放心，就只不放心路上不平静，就只担心这个。因为你说的，那条道不容易走。

这是张三小姐给她的沈二哥的信文。此时，他因母亲病危，正漂流在赶回故乡凤凰的小船上。

1937年1月7日，沈从文写信给在北平守家的张兆和：

我离开北平时还计划每天用半个日子写信，用半个日子写文章，谁知到了这小船上却只想为你写信，别的事全不能做。

往返湘西的途中，他按约每天给妻子寄信，于是旅途上的一切见闻成了不错的素材，他巨细不遗地全记录下来，后靠着这些家书发表了《湘行散记》。

三三，一切生存皆为了爱，必有所爱方可生存下去。

又有了橹歌，同滩水相应和，声音雍容典雅之至。我歇歇，看看水，再来告你。我担心墨水不够我今天应用，故我的信也好像得悭吝一些了。

这一札温暖润泽的文字，如同清澈的湘水一样，赏悦着读者，更滋养着张兆和的心田。她早已习惯了这些微微发光的书页上的片段，她本来就是这部《湘行游记》的专属主人。而后来的我们，只不过是受了这段情的恩泽，于是心随着那一叶扁舟，宛然轻悠，跌宕起伏。

并且，就是在这些由爱而生的信里面，儿女情长的私语固然是一部分内容，但他的笔触还延伸至更为宏大阔远的话题，民族、生命、历史，乃至世界的形态，均被自然地囊括其中，而这于一份私人性质的书简，该是多么别致的点缀，当属锦上添花。

她是他命运的馈赠，他是她生命的补遗。

时间的钟摆在这一刻隽永成悠韵的琴弦，婚姻的剧场在这一刻拉开了恢宏的帷幕，彼此心中怀揣着太深太美的幻想，欲让焰火表演，让爱情保鲜。

等到风景都看透

张兆和担心着：

长沙的风是不是也会这么不怜悯地吼，把我二哥的身子吹成一块冰？为这风，我很发愁，就因为自己这时坐在温暖的屋子里，有了风，还把心吹得冰冷。我不知道二哥是怎么支持的。

沈从文安慰说：

三三，乖一点，放心，我一切好！我一个人在船上，看什么总想到你。

……

1937年7月，北平沦陷，沈从文跟随教授队伍南下，张兆和带着儿子依然留守，彼此间联系又靠家书。

12月14日，在给丈夫的去信中，张兆和谈到苏州老家房屋的毁亡：

有两件东西毁了是叫我非常难过的。一是大大（父亲）的相片，一是婚前你给我的信札，包括第一封你亲手交给我的到住在北京公寓为止的全部，即所谓的情书也者，那些信是我俩生活最有意义的记载，也是将来数百年后人家研究你最好的史料，多美丽，多精彩，多凄凉，多丰富的情感生活记录，一下子全完了，全沦为灰烬！多么无可挽救的损失啊！

为这些东西的毁去我非常难过，因为这是不可再得的，我们的青春，哀乐，统统在里面，不能第二次再来的！

这痛惜的事实，是否为历史的显照？

不知不觉间，在这国难当头的时期，原本忘情啜饮爱情甜酒的两个人，却面临着现实的考验。曾几何时，这杯甜酒竟变了味，变成了一杯苦涩的酒。

有人会问：为什么张兆和不随沈从文一起离开？

对此，她在信中一再申述的理由是：一出于方便照顾孩子的考虑；二为了清理、保护他过多的书信、稿件；三是认为一家人都跟着，会拖累他的。

这一时段的家书来往叫作《飘零书简》。

风靡一时的师生恋带来的问题，仿若在沈从文情信的攻势下，变得模糊了，但两个人毕竟相差八岁，经历、教育渊源截然不同，再加上其中一个是小说家，对爱情的想望，又多了一层美妙的色彩，所以当激情褪去，回归平淡之时，面对现实，夫妻间个性的差异还是不能回避。

他虽为乡下人，但天性烂漫；相反，她虽出身名门，却相对务实。

他素来不善理财，又有收藏古董、文物的爱好，因而没什么积蓄，一旦战争爆发，经济上便紧张起来，经常向朋友借钱；她带着两个孩子在北京，一样艰难营生。于是，柴米油盐的琐事就成了她信上常见的主题："不许你逼我穿高跟鞋烫头发了，不许你因怕我把一双手弄粗糙为理由而不叫我洗东西做事了，吃的东西无所谓好坏，穿的用的无所谓讲究不讲究，能够活下去已是造化。"

张兆和总指责他以往太奢侈，不知节俭，有时怨气上来也说他"打肿了脸装胖子""不是绅士而冒充绅士"……

沈从文则不以为然。现实生活的窘迫，于他，似乎不构成什么威胁，或说根本是不太在意的，他仍旧沉迷在感情之中——对她的思念、怀疑、惶恐、焦虑、纠结的多情增生了爱情体验的复杂况味。

他认为，经过了这么多年，她实有多次离京与他团圆的契机，但总是"迁延游移"，故意错过。

他开始怀疑她不爱他，不愿与他一起生活，所以总想法子避开他。

他甚至要明确还她以"一个自由人"的身份：如果她爱上了别人，要离开自己，他不会怪责，因为他很清楚——既然爱她，就不应该让她受委屈。

长期的孤独与压抑，使原本就感情丰富的沈从文走向了精神领地的边缘，爱人的温暖、家庭的慰藉，隔着时空，将细碎的裂痕越拉越大，沟通被猜疑代替，理解被否定迁转，所以不得不说，这位伟大作家的眼光变得一天天暗淡。

他怕是掉落进情感与婚姻相拉扯的黑洞中去了……

想来，张兆和因感动而嫁给他，但付出的爱并不与之对等，或说，感情以平和朴实见长，主要是日久而生的亲情，远不及他那样的痴迷激情；而他对这样的观念与做法并不认同，显然也不满足。另外，又因为潜意识中“乡下人”的某种自卑心理，他的惶惑与疑虑，纠结到无以复加的地步。

如果说与张兆和共饮的这杯甜酒，让一段来之不易的恋事顺利结果，也让一个高举旗帜的爱情信徒充满希望，那么在从浪漫走向实际的过程中，沈从文来不及过渡就已然逐渐生出了疲乏的心绪。然而，像这般严重的裂痕，又怎会是一时产生的？

那写满了张兆和影子的《边城》，是一部产自新婚蜜月期的悲剧作品。

他自觉将“某种受压抑的梦写在纸上”，也自认这是“情感上积压下来的一点东西”。

出口？他需要的出口在哪里？

偶然一天，沈从文上门拜访熊希龄，不巧主人不在，却照面了作为家庭教师的高青子，本是初次逢见，但一番文学讨论后，双方印象极其不错。仅隔一个月，两人戏剧性地又见到了，铁杆粉丝高青子用沈从文小说中某角色的装扮以示景仰，并借机含蓄表达了好感。

作家的敏感一下子被激活，何其欣悦，对来袭的情意也心领神会，两人越走越近。

但他到底是一个性情真挚至极的人。

他是这样想的：“我不能想象我这种感觉同我对妻子的爱有什么冲突，当我爱慕与关心某个女性时，我就这样做了，我可以爱这么多的人与事，我就是这样的人。”

于是，一切昭然若揭。

1936年春节刚过，这个安稳的家庭掀起了由一个女家教的名字带来的风暴，它不能说是强劲，却带着婚外恋的气味，让整个事件的严重等级直线上升。沈从文依然故我，诚实得可以，向妻子报告了全部经历，禀明了一切感受。闻及此，张兆和的脸上写满了诧异、震惊、不解、愤懑，而后气急败坏跑回了苏州娘家。他于是每天给她写一封长信，里面尽是坦白，似乎全无辩解之词……

沈从文的性格，总保有那孩子式的天真，他在爱情里也如是呈献，固然可贵，但这对张兆和无疑构成了一种伤害，她不由得感到失望，却又不得不像大姐姐一样来体恤、应对这个大男人的絮絮叨叨："来信说那种废话，什么自由不自由的，我不爱听，以后不许你讲。……此后再写那样的话我不回你信了。"

感情遇上了症结，哪一方都不会是好受的。

他也很痛苦，纠葛难耐，不住地伤悲，跑到梁家的"太太客厅"向林徽因倾诉心中的苦恼，请她帮忙，希望能够整理一下自己"横溢的情感"。

他果然找对了人，林徽因和他都带有文艺气质，有敏感质地的天赋和柔情品尝的经验，细说诗的情感，从爱一个人和被一个人爱中，领会到人性与文学的妙处，进而理解他心灵的痛苦。后来，林徽因提议，让他去找金岳霖谈谈，"他真是能了解同时又极客观极懂得人性，虽然他自己并不一定会提起他的历史"——其间的缘由耐人寻味，大概老金最得理性的神传吧。

最终，对妻子一往情深的沈从文安稳地回归了他的水岸，然而这种灵魂的出轨抑或出逃，虽没导致家庭破裂，却加深了夫妻间的不理解，是婚姻不和谐旋律上最明显的一个音符。

无所谓对与错，爱与不爱，亦无所谓感情投入的多与寡，婚姻生活本就是复杂的，看来很衬的一双，实际上也许过得不很如意。

庆幸的是，这桩顽固的爱恋到底没有散。

在沈从文心里，张兆和始终是女神，她接受了他的膜拜，赐予了他一场婚姻，也发掘了他文学创作的源泉。二姐张允和回忆：“沈从文下放前夕，站在乱糟糟的房间里，他从鼓鼓囊囊的口袋中掏出一封皱头皱脑的信，又像哭又像笑地对我说：‘二姐，你看！这是三姐给我的第一封信。’他把信举起来，面色十分羞涩而温柔……接着就吸溜吸溜地哭起来，快七十岁的老头儿哭得像个小孩子又伤心又快乐。”

再来看张兆和，情书的罗曼史中，居于被追捧的姿态；婚姻的围城中，立于掌控生活的主体；两人的情感航线中，她虽多处于被动，但永远是舵主。她大概做了一个完全的自己，一个普通的妻子，但对于成为文学家的沈从文，或许是不够称职的。

1995年，她细细地整理完他生前的遗稿，并诚切地做了《后记》：是恍然，是忏悔，是辜负，是追念，是……

从文同我相处，这一生，究竟是幸福还是不幸？得不到回答。我不理解他，不完全理解他。后来逐渐有了些理解，但是真正懂得他的为人，懂得他一生承受的重压，是在整理编选他遗稿的现在。过去不知道的，现在知道了；过去不明白的，现在明白了……太晚了！为什么在他有生之年，不能发掘他，从各方面去帮助他，反而有那么多的矛盾得不到解决！悔之晚矣。

《从文家书》真的很感人，张兆和说：“书出来以后，我们这一代的朋友，看了以后，都感动得不得了。李健吾夫人尤淑芬说她拿到这本书看到深夜，被迷住了。她说，我想你一定是带着眼泪写的，我也是带着眼泪看的。许多事情过去不清楚，糊里糊涂就过去了。”

翻着于时光沉淀后的作品，见沈从文是另一面：单调而迫切的生活、纯真而敏感的个性、丰富而偏执的感情；而张兆和，这位一生受沈从文光环笼罩的名门淑女，文艺天赋也极富水准，她也是作家，还曾出版过一本叫《湖畔》的短篇小说集。

只是，由于生活的负累，她不得不做出牺牲，从而更好地帮助他成就伟大的事业。

“一个女子在诗人的诗中，永远不会老去，但诗人他自己却老去了……”

当诗中的女子在现实的年华里老去，当她的病床只能与他的肖像相伴，旁人将之递上前，问她：“认识吗？”

“好像见过。”迟迟地，又嚅动着嘴巴，说，“我肯定认识。”

但她已说不出他的名字。

那是2003年的春天，她九十三岁。一个月以后，她溘然长逝，在合目的那一刹那，她还是不记得那个人吗？

那个给她写下太多美丽文字、与她携手共度五十五年、对她倾奉毕生情动的男人！

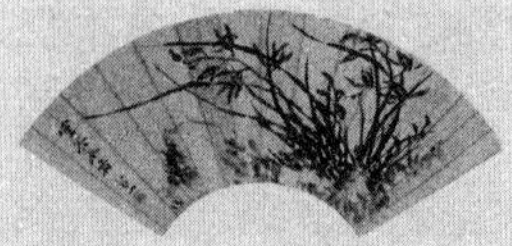

〔遇见最好的爱情〕

说出来的爱，最真实。写出来的爱，最炫目。如果可以，挑选爱人时，最好坐到他的对面。

三三，一切生存皆为了爱，必有所爱方可生存下去。

爱情，是自己用心烹煮的一杯羹，还是互相商量布置的一个家；爱情，是单人梦境，还是双人旅行。答案，不言而喻，二者都是。

这自然就增加了难度。

个中滋味，如人饮水，冷暖自知。

赵元任与杨步伟

陪伴是最长情的告白

民国名士个个是大师级人物，他们的夫人也大多是名门之后，学养不浅。且先数几个例子：

陈寅恪的夫人唐筼为台湾巡抚唐景崧的孙女；沈从文的夫人张兆和则来自著名的“合肥四姐妹”，是曾任两广总督的张树声的曾孙女；还有赵元任的夫人杨步伟同样出身南京望族，乃中国佛教协会创始人杨仁山的孙女……

然而，在这群名夫人当中，与他们的先生一样愿意提笔著述的恐怕不多，出传记亲自讲叙生前事的更是寥若晨星。但杨步伟显然是其中较特别的一位。

20世纪60年代，在友人的一力撺掇下，她仅用三四个月的时间就写了一部《一个女人的自传》，书中内容呈现了她人生前三十年的经历与回忆。后来，她又出了一本“续集”《杂记赵家》，主要记录的是她和赵元任婚后的家庭生活。这两本书连在一起，可以映现杨步伟的一生、赵元任的半生。

另外，更引人注目的是，与众多名人传记不凡的文采不同，杨步伟的文字以一种极致的平实称妙。

她的文句多是大白话，大概毫无遣词造句的刻意为之，甚至许多地方读起来都不那么通顺。而对于这一点，赵元任在序言里也实有坦言——“我太太倒不是像我这么净爱写纯粹的北平口语”，而是“怎么说就怎么写了”。如此听来，委实让人惊讶。

一个大语言学家的太太，写出的文章居然如此“不通”！

君有情，妾是否有意

赵元任爱好幽默。

他曾坚决抵拒包办婚姻，后提出“女方大两岁”的理由，才如愿退婚；但人生的伴侣杨步伟女士却是他主动追求来的，对方大他三岁，与之性格迥异不说，还上演了冒险求爱，而侥幸订婚的情节。

你们说好玩不好玩？

为他人牵线，却把自己缠了进去。

杨步伟是个敢为天下先的角色。1919年，她获得东京帝国大学（东京大学的前身）医学博士学位，留日归来后，在北京西绒线胡同创办了森仁医院，成为民国第一位女院长。

医院名字实有特别的含义。她姓杨，另两位合办医院的同学叫李贯中和林贯虹。三人的姓字都从“木”部，三木成“森”，又由于林贯虹过早病故，只剩李贯中参与，如此便是两人，所以称“仁”。当然，更深一层意想，也是杨步伟办医院的宗旨：救死扶伤，树立医道仁义，像森林一样广阔。

医院规模不大，但信誉极好，生意因此不错。

在一次聚会上，杨步伟与李贯中共同结识了刚从美国留学归来、在清华执教的赵元任。席间他活跃而幽默，不仅唱英文歌助兴，还随身带了照相机，乐此不疲地为大伙拍照。李贯中喂小鸟的动作，就被他偶然捕捉到了。

萍水相逢，席终人不散。

赵元任初任教职，课程不紧，似得了好玩处，三天两头到医院里，要知道他的住所在十里之外。连着来了一个礼拜，一天他忽然对两位女士说："我恐怕太忙，以后不能常来了，请不要怪我。"

杨步伟心里一阵莫名，暗想："你不来就不来，我们何必要怪你呢？"同时她又觉得这个人身上没有一点纨绔的习气，反而净显天真，于是就回他："你住得那么远，又教书，自然不能天天来，我们不会怪的，你有空进城时，请来玩玩好了。"

其时杨步伟正打绒衣，赵元任看在眼里，便说："我也会打绒衣头绳这类东西。"

"你不知道中国有句俗语说'男做女工，一肚贫穷'吗？"

"你真像一个美国人，一下都不停地做事，一天到晚这么忙，坐下来还要手头打绒衣头绳这类东西。"

"我从小到大，家里人总说我闲不住，我脑子里也是没有一天不想主意，除了睡觉，但是睡觉还要做梦，另过一个世界呢。"

赵元任笑笑，李贯中也笑笑，一句话没有说。

一下子他走了，她们以为他真一时去忙了，岂知他第二天又来了。

这一次赵元任一撞进院子，抬脚之际就把一盆黄菊花给踢翻了，花盆也开裂了。从那以后，每年在杨步伟生日那天，他都要赔两盆黄菊花给她，至终不辍。当然，这是后来的故事。

尴尬之余，他嘴里还在自言自语："说不来了，又来了。"

杨步伟和李贯中见状，好笑得不得了。

是谁做了那个"有心人"？杨步伟心里想："这个人一定有目的，不然这样远，哪会天天跑来呢？"他的目的，她起初并不明白对谁，但日子久了便明白了。

杨步伟渐渐察觉，赵元任一来，李贯中就显得格外兴奋，她总得空坐下来陪他聊天，有时还喜欢找个理由脱开医务上的事。

所以，当他一到，杨步伟扬手礼貌性地打个招呼，寒暄几句，便做事回避了。她一心想成全他们，而赵元任总爱和她俩一块儿聊天。

一日，赵元任对她们说，罗素来华讲学，自己担当翻译，并要到南方去接罗素。恰巧，李贯中此时也说要到南京去办事，中间这位自封的媒人于是建议两位朋友结伴同行，但赵元任并不接茬，还是独自走了。他离京后，仍如旧常“来”问候，打电话时，与两人都要讲一番话，连写信，寄张风景小照都写两个名字，里面也是各有一份。李贯中对此很不满，跟杨步伟抱怨这位赵先生太小气，舍不得多花一张邮票钱。

赵元任回来后，李贯中启程去往南京，赵元任与杨步伟一同到车站为她送行。

三个人在场的局面，总算告一段落，他得了个双人机会！

他果断而机智地花心思做了安排——让各自的车夫撤去，俩人步行回医院。杨步伟只觉得赵元任洋气生趣，就同意了。回到医院，已是午饭时间，他没有走的意思，她出于礼貌，只好请他吃饭。

一约一请，你来我往，感情的熟络大概都是这样开头的。

晚上罗素有场演讲，赵元任请杨步伟去听听。听完演讲后，他又主动送她回医院，喝茶聊天。他一坐下，似乎不想走，她又不好撵，奈何杨步伟又是手脚不能闲的性子，于是一边踩缝纫机做些活计，一边与他说话。时间一针一针地指向十二点，赵元任终于不好意思再坐，临走还谈了句感想：“听君一席话，胜读十年书。”

“这家伙真会捧人。”

杨步伟不禁窃笑，以为李贯中不在，赵元任只是应酬一下自己而已。谁知往后几天，他照旧不请自到，似乎一有机会就到医院转一圈，还会羞答答地向她征求意见："我要不要辞掉清华的教职，搬进城与罗素同住，免得两头来回跑？"

杨步伟很诧异："这干吗要问我呢？"

一切不知不觉地发生着。

他最终还是搬进了城，给房间装上电话后，喜悦得第一个就打给她。一日数次。有时他把话筒放在钢琴边，请她通过电话听自己演奏。

一天，两人一起进午餐，之后兴致酣畅，聊得也颇有兴头，赵元任一时把给罗素当翻译的事忘得一干二净。临近正点了，他才赶紧拉着杨步伟直奔会堂。到达时，罗素在讲台上已准备就绪，神色有些窘状，见赵元任与一位年轻女性姗姗来迟，低声对他连说：

"Bad man，bad man！（坏家伙，坏家伙！）"

杨步伟不好意思，听了一会儿便溜了。

这一出，像极了热恋中的桥段。

事实远非如此。

李贯中要回京了，赵元任与杨步伟同去接站，孰料，稍有偏差并未接到人。二人回了医院，发现她已先到。而那李贯中似乎觉察出了什么，直向杨步伟开炮，指责其抢了她的人。

这时，赵元任只得给李贯中去封长信，解释他的心意，并希望化解朋友间的误会。但对方为此闹病，住进了疗养院。

杨步伟甚感莫名，陷入尴尬的境地，却仍不自知。

君有情，妾是否有意？赵元任心中焦急无措，将现下情状向胡适表明。

胡适听了，一副出手搭救连打包票的样子，他哈哈大笑道："这有什么难，明天听喜讯！"

第二天胡适果真造访了森仁医院。胡博士驾临，杨博士亲迎，场面倒也有些看头，毕竟这二人都是有意思的主儿。望着杨步伟，胡适笑眯眯地说：“我这博士可不如我的好朋友，他上知天文地理，下通书画琴棋。当年我们一同考庚子赔款第二批留美官费生时，共录取七十二人。胡某不才，列五十五名，而我的朋友高居第二！”

杨步伟不露声色，胡适见状，接着道：“英国哲学家罗素访华时，我的朋友能够用京腔、汉腔、客家话、吴语、粤语等等为罗素翻译，到什么地方说什么地方的话。他还精通英语、法语等多国语言，国内外方言大概能说三十多种！”

“您说的是——”

说话干练的杨步伟莞尔一笑，故作不知。胡适则大笑起来，承着揭示“谜底”的意味，说：“就是常到你这里，想治‘心病’的赵元任啊！”

挚友开门见山地当了一把红娘，赵元任再勇敢出击。他约杨步伟在中山公园山坡上见一面。

七点钟她来的时候，他已经在山顶上等了。

“你那么高啊，赵先生！”

一句招呼，开启了两人当天的“要谈”。他走下山坡对她详表心声：“杨大夫，我不知道怎么办才好了。我很佩服你待朋友那么好，可是我怕你可能伤害她，而对她没有好处。我愿意一切美好，不过我不能老让她误会。也许像我以前说的，我应该离开、离开你们。可是——为什么为了她的缘故就非得离——”

他说了半句就断然停止了，似乎也并无不自然。而她，早就觉想给人做媒的计划不顺利，现在知道完全失败了，也算落停。只不过看这光景，恐怕她十七年的友谊和刚成功一年的事业都要完了。

她和他在公园里静静地走来走去，最后在公理战胜碑前停下来，她建议："对了，赵先生，你还是不要再来看我们吧。我想这样子对你最好。"

说完她就转身慢慢地走开，没有方向地踱步，不到十步，赵元任深情而轻轻地叫："韵卿！"

他一直不敢称唤杨步伟的字，只是在心里有过小许练习，这一回终于叫了出来。她一愣，回过头来。

"韵卿！"他又叫了一声，并追问，"就那么样算了吗？——我是说咱们？"

她感到意外，因从未向他承诺什么，更没怎么想过与他能有此联系。同时她又觉到这天的情绪不似平日，好像到了这样程度并不奇怪，觉得样样都来得那么自然。赵元任又慢慢地朝着她走过来，说："韵卿！我不能。"

杨步伟默默不语，与赵元任并行，又转回西山坡，走过今雨轩，穿过松林，走格言亭底下，再经社稷坛，到了公园门口……

三人关系中，杨步伟自觉是旁观者，没想到变成了当局者。谁说"当局者迷，旁观者清"来着？

比起天天跑医院的徐徐推进阵势，这末了结局的敲定则称得上速战速决，就这样，他们变成了"咱们"。赵元任原本打算办理完退婚手续就回美国，但现在，居然找到了心上人。

于是顺理成章，一切都有了全新的开始。

连那最难办的事情，都让他以最简捷的处理，就这么办妥啦！

而杨步伟，本是婚姻的理想主义者姿态，笃定了爱情的产生须以时间磨合，以事实考量，以知识碰撞，却因了所谓对的时间、对的人，收获了一场良缘。

日后在自传中，她自豪地写道：“所以这样子赵元任找到了他的本行，找到了他的本国……因为他找到了我。”

一切从简的新式婚礼

接下来就是结婚的问题了。

他们想着要改革中国的老传统，所以就定了以两个人之名发“结婚通知书”；

又想到结婚是他们自己的事，何必带着一帮人忙活又花钱呢？所以打算不告诉一个人；

到中央公园的格言亭里照了相，印通知，声明不收礼；

……

杨步伟后来说：“我们感觉到要改革旧俗，真是不容易的事，可是我们那时还有年青的勇气，竟做到了。”

1921年6月1日，赵元任和杨步伟举行新式婚礼，他们找好了房子，住在小雅宝胡同甲四十九号，一切从简。

这天下午，二人打电话将胡适和接办森仁医院的合伙人朱征请到家中，由杨步伟亲自掌勺，做了四碟四碗家常菜。其实，那晚他们是有厨子的，但女主人发话：“让我自己做几样极家常的菜，以后可以留一个话把子给人说，好玩点。”

晚饭过后，面对着毫不知情的友人，赵元任起身正言：“我们有一样事要麻烦你们二位。”他拿出一张自己写的结婚证书，请胡适、朱征两位做证人，签名字。为了合法化，贴了四角钱印花税。

赵元任写的证书如下：

下签名人赵元任和杨步伟同意申明他们相对的感情和信用的性质和程度已经可以使得这感情和信用无条件的永久存在。

所以他们就在本日，十年六月一日，就是西历一九二一年六月一日，成终身伴侣关系，就请最好朋友当中两个人签名作证。

本人签名　杨步伟　赵元任

证人签名　朱　征　胡　适

他们的结婚通知书一共寄出四百份左右，上面是这样写的：

赵元任博士和杨步伟女医士恭敬地对朋友们和亲戚们送呈这件临时的通知书，告诉诸位他们两个在这信未到之先，已经在民国十年六月一日下午三点钟东经一百二十度平均太阳标准时，在北京自主结婚。

告诉诸位，他们结婚的仪式是如下：

（第一节　第一段　由本人和证婚人签名）

证婚人：胡适之博士、朱征女医士；

告诉诸位，因为要破除近来新旧界中俗陋的虚文和无为的、繁复的习气，所以他们申明，除底下两个例外，贺礼一概不收：

例外一，抽象的好意，例如表示于书信、诗文、或音乐等，由送礼者自创的非物质的贺礼；

例外二，或由各位用自己的名义捐款给中国科学社……

结婚通知书所附照片上写有格言：

阳明格言：知是行之始行是知之成；

丹书之言：敬胜怠者昌戴胜敬者灭。

赵元任和杨步伟就这样结了婚。

今人看来，这怕是只算得上一个仪式，毫无婚礼的样子。一对好玩的人，以这样简单而新奇的方式结合在一起，故事自然少不了。

其实，结婚书上定的下午三点钟之时，他们正在邮政局寄发通知书和照片。

并且，因贺礼问题，他们还真的得罪了亲戚。赵元任的姑妈亲送了一只花篮，就被退回了，原因自然是不合非物质的形式，但此后他一直在追悔，总和她小语："花篮可看作精心制作的贺卡呀……"

第二天，晨报以特大字标题《新人物的新式结婚》报道二人的婚礼。

社会上一时震动非常，与繁缛礼节、旧俗观念相对，他们想表示"婚姻是两个人的关系，与家族无关"，并愿望以这样的婚礼精神担当一世之楷模。

后来赵元任问罗素："我们的结婚方式简单不简单？"

罗素答道："够简单了，不能再简单了！"

身在美国的威斯康星州夜可思天文台的比斯布罗克教授，接到赵元任的英文通知书后，将之公开贴在布告牌上，让他的同事们观测1921年6月1日下午3点钟东经120度平均太阳标准时，有何种天文现象发生。

于是这一婚事又成了一种"天文现象"。

"我们当时这无仪式的结婚仪式，不但是在那时轰动一时，就是一直到现在很多人还要说学赵元任夫妇的结婚仪式，但是没有一次学像了的。就是我们自己的女儿们也学不像。"

杨步伟的自豪、得意之情溢于言表。

俩人结婚后，常在自家请客，第一次请的是北京的科学社会员来开会；第二次请的是罗素和他的第二任太太勃拉克女士。然后，请双方的亲戚。这时候，两人才觉得有个屋顶花园真不错，请客可以坐得下二三十人。尤其每逢节假日，不仅校内人士不断，市里的来客也很多。

久而久之，好客之家，誉满清华。

而杨步伟并不沉溺于家庭琐事。

她的精力旺盛，作息规律，经常天刚亮就拉着赵元任在园内打网球，为此，有教授夫人闹意见，她倒不客气，直接回说："谁让你们那么晚起床呢？"

杨步伟与胡适、蒋梦麟商议，募款开了一家诊查所，从事节育工作，专为穷苦人服务。她在景山东大街挑选了一所三进的房子：第一进，办诊所；第二进，供赵元任与刘半农等人组织、聚谈音韵学的"数人会"使用；第三进是给本家三哥住。

每周杨步伟都会到诊所，查看运营状况，有时也处理些日常事务，但多数情形，她还是请专职的护理人员来打理。这个诊所，她也办得有声有色，只可惜后来因收容受伤的示威学生而被关掉了。

杨步伟热心于公益事业，一办起来便停不下来。

有一段时间，为解决清华园里师生的伙食问题，杨步伟提议建一个小饭馆。她的行动力极强：先筹些钱，然后要了清华校门外小桥边的三间小房并加以修葺，再从东城五芳斋请几位厨师，准备工作就完成了。门上贴了一副对联："小桥流水三间屋，食社春风满座人。"

校园内外传开后，不但学生们纷纷请求搭伙，就是城里的人也跑来叫酒席。于是就餐者越来越多，生意越来越旺。

因为每天来搭伙的人实在太多，校长梅贻琦等各家的仆人都得去帮忙，连很多食客和看热闹的人，有时也会上场当一阵跑堂的。这样，不多久，本钱多半吃尽，饭馆就转交给厨师们去经营，对此，杨步伟笑着写了副对子说：“生意茂盛，本钱干净。”

另外，杨步伟还和几位太太联合开了一个“三太公司”，主要招些年轻女孩子们，教做各种手工，这也挺受欢迎。她的样本多从国外收集而来，桌布、床单、手巾等物件的种类、花色应有尽有，且很漂亮，北京的“东升祥”，就跟她这儿的样品仿制过。

她的事业还远没有结束。

那时清华师生进城只能坐人力车，不仅路程远、速度慢，连车夫都看着非常辛苦，杨步伟就和夫人们商量，集股兴公共汽车，后来这一想头得到了清华园里的一家银行的支持，并即时接办过去，由此从清华进城才方便了。这还不止，清华的成志小学面临改革，梅贻琦的夫人等推举杨步伟作为代表，向清华申请了每月一笔的经费。

她一刻也没闲过，诚如她自己所说：“我脾气躁，我跟人反就反，跟人硬就硬。你要跟我横，我比你更横；你讲理，我就比你更讲理。我最爱替受欺负的人打抱不平，总爱多管闲事。”

——留日好友林贯虹病死时，她竭力主张将其送回老家安葬，出现费用不足的问题，就背着自己的父母，把一对八两重的金镯子连同四个戒指全部当卖，因而又得个“败家子”的诨号……

婚后，赵元任与杨步伟即便被无数身外事务缠着精神和身体，这一对神仙伴侣的相处都分外和谐与美好。

因赵元任计划成婚两个月后要去美国，杨步伟就不能再从事医生工作，她感觉最辜负的是“黎元洪叔叔”。当时，他正帮杨步伟募捐，捐十万元建一所属于她自己的医院。于是，新婚夫妇一起去拜访黎叔叔，向他提出婚后出国几年，请其暂停捐款事宜。

黎元洪听了，看着赵元任笑笑说：“这也好，终身有个归宿也是好事。”

“黎叔叔，您怎么知道我们可以终身不离婚呢？”

杨步伟性格爽朗，玩笑话常常是张口即来。黎元洪听了，在这小辈肩上轻轻拍了一下，说：“刚结婚，不准乱说！”

启程在即，二人在上海住旅馆，准备乘客轮去美国。胡适正好接朱经农由美回国，常到他们住宿的旅馆聊天。杨步伟写道：“大家问我可要买点中国东西带到美国。我一点不想动，多数人以为我离开医院不快活，惟胡适说，韵卿，我想你有特别的原因了，喝点汽水什么的，也许胃口畅快一点。果不其然，他真内行。我骂元任你如何没想到？胡适大笑说，他不内行，我是有经验的，他若是这个内行就靠不住了。”

婚后的两个月里，赵元任和杨步伟总感觉有鞭子在身后赶着似的，事务繁多，每天时间不够用，一直忙到上船后，才有难得的闲暇时光。

百无聊赖之际，两个人生出下围棋解闷的想法。因没有携带围棋，赵元任便要来了两袋炒米和炒麦子，颜色一深一浅，姑且可分黑白两种，当成棋子用。

谁说这不是浪漫呢？

一程山水，一程趣味

杨步伟跟随赵元任在哈佛、清华、夏威夷、耶鲁大学之间跑个没完，本有考行医执照的计划，不料女儿们的相继降世，把时光都霸占了。

生活上还是有紧张的窘境。在美国缺钱时，她会自制手提包来卖，样子一派风火，丝毫看不出富家小姐的骄矜与不适；也常跟房东太太（哈佛哲学教授夫人）去捡路边的菜和水果，那是蔬菜批发商倾倒的废品，她们反而再利用；还典当和出售自己做的皮货。做这些事，她没觉得有多委屈，在回忆录中率性地说了大白话："不管是哪一国，嫁了一个教授，都是吃不饱饿不死的。"

而对于赵元任来说，到处有人攀老乡，无疑是他语言生活的一大乐事，于是研究也渐趋深入。连闲暇时的游玩，也派上用场，他乐在其中。

他和家人一起开车环游欧洲。

他总结沿途国家跟外国人说话的习惯：法国人和比利时人跟他们说法语；荷兰人因为知道很少有人会说荷兰语，所以跟他们多半说英文；德国人跟他们说德语；丹麦人和瑞典人则尽量跟他们说英文。他说："我们开车从法、荷、比、德近海一带听他们说话所得的印象，并不是过一国换一种语言，我们的感觉非常像坐着长江轮船从上海到四川一路的口音，渐渐地变，而不是一国一国地变。"

到了瑞士的德语区，因将开车上马特峰，所以赵元任决定把车送去保养，做足检查也好有安全保障。这天晚上他特意拿词典查了一些机件的德文名称，可算精心做了准备。但不曾想，第二天车行的人看赵元任是外国人，反而说起了法语。他当下像个孩子一样“犟”道：“那不成，我昨天晚上用的是德文的功，今儿非得用德文才会讲汽车的事情呢。”

一程山水，一程趣味。

这实在是两个极好玩的人。

女儿如兰出生后，俩人多了一项甜蜜的工作，那就是看孩子。而赵元任对此也是喜欢承担的。他总愿意给女儿弹钢琴，小床往旁边一放，孩子就听着音乐在里面边哼边摇地开心起来。

有一次如兰忽然不哼了，身体翻动着，小脸憋得通红，赵元任竟然对着完全听不懂什么的女儿下指令，说：“别动，等我把这一段弹完了再来弄！”

结果等到他弹完了再看，一床一身已遭了灾。

“为什么不早点叫我？”

“一个孩子的音乐教育要早打好基础，所以不可以把整段的乐曲随便中断。”

夫人杨步伟又好气又好笑，赵元任却一脸郑重。

到了年龄，该学英文字母、国语罗马字的时候，赵元任就以歌带学教她们，果然很快就会了。不仅如此，他还用心地将九九乘法表谱上曲，甚至到后来孩子们课本中的课文，也是这样教唱着学完的。

音乐是赵元任在语言之外的另一大兴趣，他一生创作百余首作品。并且女儿们也给了他很多支持，一有机会便组成家庭合唱团，分声部地练习演唱他的作品。

的确，在他丰厚的音乐作品中，有相当一部分是为家庭而作的，他把许多歌曲写在小五线谱本子上，随身携带，一有灵感就进行创作修改。

长女赵如兰就说："他的许多音乐作品，都是剃胡子的时候创作的。"

抗战爆发后，赵元任随着中研院史语所南迁，举家奔波，没有钢琴，有时电灯都成奢望，这时赵家的家庭合唱团便启动了：两个小女儿年纪小，嗓音尖，就唱女高音；赵元任则唱男低音；二女儿赵新那是女中音；大女儿赵如兰就补上第四声部……

如今，世人听起那首刘半农作词，赵元任谱曲并亲自演唱的《教我如何不想她》时，对于这个欢乐之家，竟是这般受着音乐的熏陶与滋养，大概唯剩惊羡不已。

携手走过六十年

赵元任个性温厚纯朴，待人和蔼，语言又风趣，是个十足的谦谦君子；杨步伟则具有雄性气概，豪爽而果断，思想灵敏，心直口快。二人性格迥异，却携手走过六十年。

陪伴是最长情的告白，纪念日又怎可错失？

1946年，赵元任夫妇银婚纪念日时，证婚人胡适因故不能亲临祝贺，特寄来一首贺诗《贺银婚》，戏谑曰：

蜜蜜甜甜二十年，人人都说好姻缘。
新娘欠我香香礼，记得还时要利钱。

结婚四十周年纪念会上，有人将赵元任做学问的求实精神比为《西游记》的唐僧玄奘，说玄奘之所以能成功，应归功于观音菩萨的保护，而杨步伟就是赵元任的观音菩萨。

到了金婚纪念日，回忆从执手到白首，两人相携走过半个世纪的风雨长路，相濡以沫，甘苦与共，感情亦在岁月的沉淀中与日俱增。逢此吉期，杨步伟感吟一首《金婚诗》，谐趣之中另含美意，并押当年胡适《贺银婚》之韵：

吵吵争争五十年，人人反说好姻缘。
元任欠我今生业，颠倒阴阳再团圆。

的确，赵元任与杨步伟虽同心合意，但两人的性情各持一极。分歧时有，矛盾也总归难免，但他们从不会翻脸，更不会反目，争吵过后，无论谁说服了谁，抑或平局收场，都有办法云开雨霁。正如《金婚诗》所表，一双人来世还要再续夫妻情缘，但依着赵元任今生的“欠债”，到时须以阴阳角色互换相偿。这样好玩的主意，老顽童赵元任在第一时间即做出回应，其和诗又足够让夫人莞尔：

阴阳颠倒又团圆，犹似当年蜜蜜甜。
男女平权新世纪，同偕造福为人间。

他在诗后署名“妧妊”，为自己来世成为女性都拟好了名字，表示应诺。

她读后传出一阵爽朗的笑声。

杨步伟本就是男子汉的果敢性格，有勇士气魄，在关键时刻更显理性与镇静。南京沦陷前，船票难求，全家六口人不能一次全部转移，于是她就安排生病的丈夫和大女儿先撤离，自己和三个小女儿断后，所幸得一脱险之机，否则她早碎骨于南京万人坑中了。

真要调换角色，那就是她做教授问学养家，赵元任当全职主妇，洗衣下厨，育养四个宝贝女儿，想想也极有意思。

实然，之于幽默感，她与他并不相上下。在耶鲁时，他常因漫不经心乱泊车而收到罚单，等到他要去哈佛任教，临行前去警局勾销旧账。当警察问这一老罚主为何要离开耶鲁时，杨步伟在旁打趣道："你们给他开的罚单太多了，我们只好离开此地。"

对方听出这是句玩笑话，也马上笑着回了"礼"："下次你们违章停车，我们不开罚单就是了。"

当问及平时在家谁说了算时，杨步伟谦虚地应："我在小家庭里有权，可是大事情还是让丈夫决定。"但是后面总会幽默地补一句："不过大事情很少就是了。"

杨步伟的自传要出英文版，请赵元任翻译并写个前言，他的第一句话便说："我们家结论既然总归我太太，那么绪论就归我了。"

她说她要先写自传，把好玩的事都写了。他于是就说："那我就写那些不好玩的吧。"看得出他是以一种自豪、愉悦的心情，欣然把"家的结论"拱手让给太太的。

事实上，他俩之间多少也有争吵，只不过局面不大难看，俩人不是面红耳赤，反而依然保持理性的退让：因为杨步伟嗓子大，性情也急些，赵元任也就顺从不争了。

杨步伟说："夫妇俩争辩起来，要是两人理由不相上下的时候，那总是我赢！"

而赵元任有自知之明，不跟妻子一争高低，他不否认自己惧内，往往幽默答道："与其说怕，不如说爱；爱有多深，怕有多深。"

她说："我们争争吵吵六十多年，但也和和睦睦共度了大半个世纪。"

他说："她既是我的内务部部长，又是我的外交部部长。"

他是一位最可爱的人。

她同他一样，是自由散漫且个性固执的人。

《一个女人的自传》和《杂记赵家》这两本"奇特"的传记，正载着俩人那独特的性格和身份，演绎出一个不同样的民国来。

【遇见最好的爱情】

金钱、权势、家教、性格……若要把两个人的条件一一比对，恐怕天下大多伴侣都是不合拍的。旁观者衡量爱情时，恰恰是以前面说到的条件为标准，一一去判断是否适合，衡量的过程就像画“正”字一样，有一条符合便画上一笔。但实际上，在爱情发生之际，往往是毫无章法可言的。

当然，性情相投是基本的保证，也是感情和睦再自然不过的奥妙法则。每个人生来是不同的，所以，“共同语言”这个轨道多少也有点天生注定的意思。

好在，感情在于经营，兴趣还可以培养。

杨宪益与戴乃迭

中外联姻、珠联璧合

他本是津门富家子弟，才华横溢，他调皮、散淡，似乎诸事无所用心，但又兴趣广泛，学识渊博。她是传教士的后代，低调平和，家庭的熏陶和本身固有的中国情结使她对他一见钟情。

杨宪益与戴乃迭，堪称中外联姻、珠联璧合的典范。

杨宪益动情地说，他爱她，不止为那盛宴般的美丽，更因她拥有一颗质朴的心。她清新脱俗，全然没有英国上流社会女孩常有的虚荣与势利，并且这一素质在中国上层的小姐们之中也很少见。

而戴乃迭则幽默地对朋友们说，她爱的不是他，而是中国的传统文化。这虽是一句可爱的玩笑话，却直白地表露了她对中国传统文化的挚爱，在她眼里，这是二人之间一个完美的结合点。

他轻易地就合乎了她的理想：精通中国古典文学。

所以，她爱上了他，他的祖国和他的文化。她愿意用一生的时间来聆听那埋藏在古典文学中的汩汩活水，打探那流淌在中国大地上的脉脉文心。

一部《离骚》定了情

不知道与中国保持了一生致密联系的戴乃迭，对于自己的身份——一个传教士的后代，是不是怀抱着相当大的感激？

要知道，在20世纪的东方中国，这是一个不可忽视的群体。姑且仅以美国人为例，便可以列出一串为人熟知的名字：

司徒雷登，燕京大学校长，美国驻华大使；约翰·戴维斯，盟军参谋长史迪威将军的政治顾问；卢斯，《时代》《生活》周刊的创始人；赛珍珠，诺贝尔文学奖得主……

当然，如此耀眼的名单之外，更有千万遍布各行各业的外籍友好人士。

对于戴乃迭，显山露水不是她，低调平和才是她。长长的时光中，与丈夫平静地待在一起，翻译着中国古典文学之作，徜徉于丰盈的精神之旅中，她便非常愉快。而最终把她和中国牢靠地联结起来的，是对杨宪益的爱，是她在北京生活的美好和甜蜜的童年记忆。

父亲戴乐仁，是来华传教士，做过大学教授，负责过英庚款事务，协助创建过工业合作化组织，又投身过赈荒救灾工作，与中国的故事应该说不少。

戴乃迭就出生在北京，因而最早的成长经历是在这片东方热土上，这座古老文明的城市中。儿时某日，戴乃迭与姐姐正在路边玩耍，骑着童车，姐妹俩有说有笑。忽然，到来的几个军装大兵围了过来，并向她们发问、逗乐，当然事后证明并没什么危险或妨碍。但身为传教士兼教师的母亲塞琳娜，为此深感不安，她本就心怀芥蒂，不允许儿女们跟中国孩子一起玩，所以小戴乃迭也就没有一点中文基础。

大概是出于最本能的护犊情深吧，1926年，一家人返回英国。

文化的差异，在戴乃迭幼时的经历中便开始不可避免地显现。她怀着一份罗曼蒂克却又无比诚挚的情怀爱着中国，不想，在成年后，因为一个人，而与这块土地再度深深地联结起来。

1937年，她考入牛津大学，攻读法国文学。彼时，校园里已有很多俱乐部，经导师的推荐，她选择加入中国协会。缘此，她遇上了后为该协会主席的中国留学生杨宪益。

说实话，第一次见面时，他几乎把她吓了一跳。

她的一双大眼睛好奇地注意到，这个中国学生，脸色泛白，眼睛过细，举态文雅，但似乎又显得有点拘泥。不过，杨宪益对祖国的热爱打动了她。在他房间的墙上，她看到他自己绘制的中国历朝历代的疆域图，一种油然而生的感佩暗下滋长。

慢慢地，戴乃迭以一种探看中国的窗口视他，发现他的确与众不同。

他调皮、散淡，似乎诸事无所用心，但又兴趣广泛，学识渊博，大概用大智若愚形容他最合适不过。他天性纯然，不喜拘束，自由自在，在中国传统文人中，竹林七贤恐怕是他最为仰慕的先贤。在她的中国朋友当中，大概只有他身上最是典型，中国味儿最浓：收藏字画，吟诗作对，酒中陶情，样样皆欢。

他本是津门富家子弟，才华横溢……

大概仅是这些在少女心中都几近完美了吧。尤其是他身上流溢着的中国血液，那是他独有的魅力，亦是她深受吸引的地方。家庭的熏陶和本身固有的中国情结使她对他一见钟情。

当时，日本侵华日甚，中国协会反日活动十分活跃，成员队伍不断壮大，钱锺书、杨绛、俞大缜等都是积极的响应者。他到处发文章、演讲、募捐，她一道参与，也成了坚定的反日战士。

她回绝了一位英籍追求者，认定了杨宪益。而正是在这段时间里，他也很快爱上了她。值得留恋的日日夜夜中，两人感情渐渐散开。她毅然改学中国文学，成为牛津大学攻读中文学位的第一人。

而他，说浪漫也很浪漫。因为她的出现，他爱玩的性子，渐渐收敛了不少，将自己的天赋更专注地投放到学业上，而后竟也明确了生活目标和方向，并变得笃定了许多。他也放弃了法国文学专业，改学英国文学。

这种互补，为一对青年日后在翻译界大显身手，铺就了前路，奠定了基石，埋下了伏笔。

是时，一份别具一格的定情物诞生了！

杨宪益与戴乃迭合译出《离骚》。戴乃迭说："实际上是杨宪益将中文译成英文，我又把它改写成对偶叙事诗。"译文发表后，著名的英国汉学家大卫·霍克斯大吃一惊，幽默地评论道："这部《离骚》的诗体译文在精神上与原作的相似程度正如一只巧克力制成复活节鸡蛋和一只煎蛋卷的相似程度一般大。"

这部当时看来不大不小，多年后归为"笔墨游戏"的译作，恰是二人一生翻译事业的开端。

嫁给他，也是嫁给中国

生命就这样奇妙地转了弯，彼此一生的道路都交付给了对方。

而两人的这段恋爱关系刚一确定，戴乃迭的母亲就坚决表示反对。

这位传统的英国母亲，以一种近乎威吓的口气，郑重警告说："你跟一个中国人结婚肯定会后悔的。你们的婚姻最多只能持续四年。要是有了孩子，也会后悔得想自杀。"

倒是她的父亲较为开明而理性，为一对年轻人送上祝福，但仍不忘提醒女儿："先别忙着结婚，一定要在中国内地住上几年，如果觉得可以受得了那个苦，再结婚。"

戴乃迭了解母亲的苦心，但决心仍毫无动摇，她思忖着父亲说的精神和谐就可能婚姻美满之意，似乎明白了点什么。何况，她也未到二十一岁——可以独立自主的年龄，并不必急于做出决断。她等待着成长的那一天。

杨宪益也有他的顾虑。

战火中的中国，无疑十分艰苦。美丽的姑娘如果嫁给他，就意味着放弃现在舒适的生活，他不是怕她不够勇敢，反而是因为不舍得如此而感到忧心。

他常跟她提起自己钟爱的那首摇篮曲，觉得她这样的姑娘，应该过歌曲中描述的生活：坐在阿拉伯风情的垫子上，给裙子缀上蕾丝花边，吃糖果，喝牛奶——十足的英国中产阶级家庭沙龙上有修养而不缺乏风情的少妇。

所有的反对、顾虑、迟疑都没有改变这位美丽的英伦姑娘重返中国的决心。在她这里，不仅仅勾勒着记忆中的快乐与多彩，神往着悠久的文化，更迷恋着愿与之执手一生的杨宪益。她果然是生长在传教士家庭中的女孩，一旦确立了志向，便像拥抱了信仰一样，势将终生不渝。不管前方风雨，只顾心心相印，一直携手走下去。后来的日子里，他们果真沉默而深情地做到了。

1940年某日，杨宪益开了一个早餐会，正式宣布他与戴乃迭订婚的消息。

随后不久，他从牛津大学毕业。由于沈从文、吴宓的推荐，他接到国立西南联合大学的聘书，准备起程回国，当然同行的还有热切盼望重返出生地的戴乃迭。

谁知，这位英国姑娘还未出国门，就遇到了点小麻烦。

签证官问："你一个年仅二十一岁的姑娘，为什么要在这个时候去中国？"

"我要去中国一所大学任教，我有合约。"

"你不能相信中国人的合约。"

"我跟一个中国人订了婚，我们将一起去。"

"你要是发现他早已有了两位太太呢？那我们将不得不由政府出钱将您带回。"

"我父亲在中国，为工业合作化组织工作。"

"那就另当别论了。"

那位官员这才放下心来，给她办了签证。

是年中国仍旧战乱频仍，并缘此故，杨家已败落，杨宪益自然受到影响，起程的路费尚不足，最后还是准岳母给凑齐的。夏天，两人行至香港时，已身无分文，所幸后来得到戴乐仁旧友陈翰笙博士的慷慨周济，才与杨母在重庆团聚。

这位同样传统的东方母亲，起先听说儿子带了一个洋媳妇回来结婚，哭了一整天，接着病倒了。在天津的杨家亲人们也认为，中国人和外国人生出的孩子，没有人要，也没有人喜欢——杨宪益的父亲是中国银行行长，其祖父辈兄弟八个中，有四位做过翰林。所以，这些绝非无知之见，而是当时的社会压力。

正如杨宪益顾虑的那样，带着心爱的姑娘回国着实不易。战火的纷扰，经济的拮据，文化的偏见，家门的压力，生活的不定……还有什么，是摆在他们面前的绊脚石？

然而，这一切，对于戴乃迭来说，好似全无畏惧，她依然无言而坚决地站在他的身边。

好消息来得很快，在与这位洋姑娘细细相处过之后，杨母觉得她通情达理、贤惠可人，便欣然接纳了。他们租住的地方，房主正是国立中央大学校长罗家伦。这位校长十分爱才，好一番陈情动员，说服他们就近教书。杨母原先就担心儿子到昆明后的安全，这下也极力赞同他们留下。于是，一对璧人被分在国立中央大学柏溪分校。

感情与工作落定，这二人便开始吃苦了。

初回中国，杨宪益与戴乃迭都很不适应。

他仍按着自己的自由性子处世行事，课堂上无所不讲，也愿意和学生谈论政治，毫无禁忌，因此被学校当局视为危险分子。

1941年2月16日，杨宪益、戴乃迭以及大妹妹杨敏如与罗沛霖在重庆同时举行婚礼，并且，他们在《大公报》上双双刊登了结婚启事。国立中央大学校长罗家伦与国立南开大学校长张伯苓（杨敏如是南开教师）为两对新人证婚，同时，戴乃迭的父母也列席参加。

婚礼上，戴乃迭以一身丝质旗袍出场，素色短袖，但龙凤花纹绣得极其精致，十分高雅又漂亮。这当然是杨母的意愿，而杨宪益认为：“这既不是传统中国式的婚礼，也不是西方基督教的婚礼。”洋溢在幸福之中的姑娘，满面笑意，温婉动人，她一如既往地笃信着，将自己的命运从此和他、和中国紧紧联系在一起。

不久，两人受教育部次长杭立武之邀参宴，到场后，发现唯独他们是没有官方身份的人：同席者都是国民党高官，如财政部部长孔祥熙与夫人宋蔼龄、国防部长何应钦夫妇以及美驻华大使夫妇们等。原来，杭立武希望杨宪益加入国民党，而他只简单一句，便婉拒：“‘君子不党’，这是孔子的话，所以我不加入。”

婚后的杨宪益与戴乃迭，各担教职，经营生活。

他们先赴贵阳师范学院执教，而后因戴乃迭有身孕，为便于照顾，又到了母亲赛琳娜所在城市，成都的光华大学任教。居无定所但好在二人终始同行，经济窘迫但好在爱情之结晶降临。

儿子是1942年8月出生的，初为人父的杨宪益为其取名单字一个“烨”，正如《小雅》中有“烨烨震电”之句，是光辉灿烂的意思。这个小家庭，因着杨烨的到来，生出了无限快乐。而戴乃迭也是新手母亲，抱孩子的姿势就练习了很久，丈夫见此总怜爱地笑言，小孩像小狗一样，是趴着睡觉的。

那两年，夫妇俩为了生计，几经周转，往往还得把幼小的儿子带在身边，自然辛苦十分。到了1943年秋，得益于朋友卢前的引荐，他们到梁实秋主持的重庆国立编译馆工作，生活才有了转机。两人再度联手，历时三年将《资治通鉴》从战国到西汉约三十六卷译成英文。不觉间，二人的中文英译活动开始走上职业化道路。

与译作同期孕育成功的，还有大女儿杨荧。这大概是动荡时局下，杨宪益夫妇最大的慰藉。

接着，随着编译馆迁往南京，他们也一道搬家——这已然是一种常态了。船过三峡，因风浪过激，行李船颠翻，其家当与七八只藏书箱全部付之流水。混乱年代，知识分子往往更加视书如命，而书也不得不像人一样历经辗转，伦敦——香港——重庆——所幸人倒安然，漂漂荡荡，终于到了南京。他另在中英文化协会兼差，她也兼职教书。资金攒定后，他们在傅厚岗买了一处房子，才有了确切的落脚之地。

繁忙的节奏，加紧了岁月的飞逝。杨宪益已成民革南京市负责人之一，后上任市政协副秘书长。他勤奋工作，夜以继日，对妻子不觉少了些关怀和呵护，甚至连第三个孩子出生时，她住院，他也无暇顾及。可说，家里的重担全部压在她的肩上。

而戴乃迭在国立南京大学外文系教书期间，正值抗美援朝，对于金发碧眼的她，同事不愿与之说话，人们见到后像躲瘟疫一样急急走开，一些激进的学生还当面高呼“打倒美帝国主义”……她的处境与当时的他形成鲜明对比，这使背井离乡的她，多少感到有点孤独。

但即使如此，在政府发出号召为抗美援朝捐献飞机大炮时，她仍积极参加，当钱不够时，就变卖了自己的首饰，毫不犹豫。以至于她去世后，女儿在清点母亲遗物时竟找不到一件祖传饰物！

她跟着他千山万水地踏，城池辗转地走，他携着她沉浮于中国的故事里，步入职业翻译之路。自此，孜孜以求，执手朝夕，共赴译事。

1952年，这对伉俪面临着新的机会，即加入刚成立的外文出版社，时副社长刘尊棋拼命劝说，末了打动二人的是，他承言办社目标在于系统地对外介绍中国文化，这二人之心意契合。

加入外文社的《中国文学》杂志之后，夫妻俩就大刀阔斧地干起正事来。他们制订了两条计划：一是翻译古典文学名著，从《诗经》到清末文学，共选一百五十种，这部分主要由杨宪益翻译；二是翻译中国现当代文学，从鲁迅到当时，计一百种，戴乃迭就独立译过《太阳照在桑干河上》等作品。当然，大多时候，他们都是互相配合、协力完成的。

接下来是《荷马史诗》，再往后则是《红楼梦》了。

他们合译《红楼梦》的过程通常是他负责翻译初稿，然后交给她加工，鉴于作品细节情况各不相同，有时到她手上，费的力气更大。这是迄今为止唯一一部由中国人翻译的英文全译本。这对夫妇的“中西合璧”之力，终于让宝黛的爱情故事走出了国门，堪为翻译界的壮举。

此后，在一次全国文化界人士的接见会上，当走到杨宪益跟前时，周恩来特别介绍道：“这是一位翻译家，已经把《离骚》译成了英文。”毛泽东听后，问道：“《离骚》也能翻译吗？”

回答是很简单的一句话：“主席，什么都能翻译。”

在他泰然自若、信心十足的背后，想必是认为只要有了妻子的帮助，就没有什么是不能译的。他说：“很简单，翻译就是从某一种文字，翻译到第二种文字。就是这么回事。你要是原文读懂了，翻译成外文都没错。”

可是他没有说，要把原文读懂，着实已属不易。当然在这方面，他是很有资格自傲的，而这份坦荡的不矜不伐，大概也让读者尤其喜爱。从《离骚》开始纵贯而来的大胆与豪迈，无不是他身上卓绝才华之外，最大的光辉。

此外他们翻译的效率之高十分惊人，因而也出了名。譬如，鲁迅的《中国小说史略》，只用一周时间就完成了。这完全得益于杨宪益高深的学养与二人默契的配合——他拿起线装书就直接口译，她则飞快打字，然后再通力修改，分工从来有序得很。

兢兢业业，尽心尽力，他们在日月的流转中孜孜不倦，从事着翻译工作。戴乃迭作为外国专家，工资待遇极高，他们的生活过得优裕，身心也很愉悦。后来即使一些古典、现代名著的篇目长如列表，并无稿酬与版税，他们也照做不误，毫无怨言。

在这里，夫妇俩一直是业务中坚，领导和同事的尊重、礼遇，不期而来。他们是工作搭档，配合默契；是生活伴侣，相敬如宾。只有一点，俩人“井水不犯河水”，不沾对方的光：

身为政协委员的他，有许多可以偕同夫人参加的旅游或视察活动，可是她从来不去；作为外国专家的她，亦有休养一类的优待，但是他也一概不参与。

1993年夏天，与其他外国专家同去兴城避暑的一次，才打破了这条遵守多年的戒律。戴乃迭又满意又抱怨地说："这是他第一次答应陪我去！"

情似雨余黏地絮

1968年，一个刻骨铭心的夜晚。

夫妇俩像往常一样，开了瓶白兰地，居家对饮。多么希求平静，但想到近期局势的变化，却终掩不住忧虑。几多闲语，来往于两颗试图抚慰彼此的心。

安分的人儿如何想到，厄运之门已经开启。

一瓶酒喝了一小半，她先上楼睡觉了，留下他意犹未尽，自斟自饮。夜深人静，正在此时，有人敲门……

片刻间，他被逮捕，接着不到半个小时，又有人来把她带走了。

醉于半夜之中，原本并无多怪，但第二天睁开眼，才发现自己已囚身铁窗之下。

杨宪益猜想，他们的入狱——被疑为所谓的"帝国主义特务"，大概起因于他曾与一位英国驻华使馆的好朋友来往密切吧。不想二十年过去，这段经历居然招来祸端，造成一夜之间的牢狱之灾。但至于确切的缘故，始终不得而知。

动乱颠簸，混沌无序。无论如何，四年的囚禁生活从此开始。

夫妻俩被关押在同一所监狱，却不得相见。他惦记着她，提及一生中的懊悔时，他说最后悔的是对老伴照顾不够。

在狱中，他尤其放心不下她。好长时间，两人彼此不知情，还以为对方在家照顾孩子呢。当审问消停之后，狱方问他有什么要求，他说："不知道老婆怎么样。这两年我挨斗，她情绪不好，我怕她出什么事，会不会自杀。"

回答是："没有自杀。"

这下子，他才知道妻子也遭遇同样的命运。再问及孩子，回应说孩子们也没事，有人照顾。这样一来，他才略微安心了些。

而在此期间的戴乃迭，为维系精神状态，或自言自语，或背诗念词。她是个爱清洁的人，就用牙刷开始刷墙，也算以此活动筋骨，到后来墙变得干净发亮，自己的时光也打发过去了。

在狱中，她的文明和风度依然如常，每天送牢饭时，都会向狱卒礼貌地致谢。一次送饭者给她送来英国餐食里常有的土豆，问她是否喜欢吃，她笑着回复"喜欢"。此后，那人便每天都给她送，而每次的一句"谢谢"，便是对这位普通中国人的善良的至诚感激。

这对夫妻，就这样在漫漫岁月中苦苦熬着，日复一日地渴盼、牵挂及思念着。三个孩子——一个儿子、两个女儿，都在哪里呢？而孩子们又何尝不是备受磨难呢？

1972年4月，杨宪益和戴乃迭终于获释回家了。

空寂的房间里，蹿动着耗子，又满是它们招摇的结果：书架、衣柜无一处幸免，全"沦陷"了。细瞧一眼衣服，上面的洞多得瘆人。他们不在的这四年，倒是也造福了这一群耗子。

望着窗台上的那棵仙人掌，杨宪益看到它还原封不动地栽在自己捡来的头盖骨里，现在已长得很高，因为一直没浇过水，土也干裂了很深。他刚靠近一碰，哗的一下全变成了灰。

再看看茶几上，那晚未喝完的白兰地还那么摆着。真是四年伤心酒，难以再下咽……心情是复杂、难堪的。

她说："好久不见，没想到你还没有改变过去颓废的毛病。"

他复："支部书记指示这样做的。"

无奈的际遇以后，两人的黑色幽默，这般同步，默契，相衬。

眼下，最紧要之事就是把孩子们接回来。不到三个月，儿子从湖北先调了回来，其次是在东北劳动的小女儿，大女儿稍晚几个月也从沧州正式调回来了。一家终于团圆。

但面前出现的，又是一个令人无法接受的残酷事实。

长子杨烨在他们蹲狱期间因频受打击而变得精神分裂，且病情堪忧。

一生中，最为严峻的磨难和考验接踵而至。

见此情形，他们赶紧把儿子送回英国治疗，或许是没有效果，或许已为时太晚，年轻的生命，终在发病时浇汽油自焚而亡。

在这一瞬间，戴乃迭母亲的预言变成了悲惨的现实！

她依然坚韧地说："但我从不后悔嫁给了一个中国人，也不后悔在中国度过一生。"

半个多世纪后，她曾经告诉大姑杨敏如："现在有人叫我写一本书，写我的儿子，写我在牢狱里的经历，说这种书一定会畅销，可以拿到一笔钱。我怎么能这样做呢？"

此时，这位嫁给中国的英伦姑娘，已经在这片她爱的土地上经历过太多：战乱、革命、破坏、建设，风雨坎坷，起落沉浮，悲欢离合。

世人问，她还那般热爱吗？

是的。

对杨宪益与戴乃迭来说，丧子之痛是一生中最大的打击。他在自传中悲哀地写道："我们儿子的死是我们两人遭受最为惨痛的损失。尤其对于乃迭更是如此。在这以后，她的身体很快就垮了下来。"

酒喝得更频繁了，像习惯，像默契；但彼此之间的感情也更加亲密了，像岁月，像人生。

并且，自那之后，对于身外之物，他们的心境变得更清淡、更洒脱。家中收藏的古旧字画，全都无偿捐献出去，出版过的著作也大多送了人，留在他们自已手头上的实在寥寥无几。

身外之物愈是看淡，对于人间是非就愈有明确的态度。杨宪益曾写下一首《狂言》：

兴来纵酒发狂言，历尽风霜锷未残。
大跃进中易翘尾，桃花源里可耕田？
老夫不怕重回狱，诸子何忧再变天。
好乘东风策群力，匪帮余孽要全歼。

他与她一直并肩站立在一起，相濡以沫将近六十年。

恩爱不渝，于他们夫妻而言，不是海誓山盟的誓言，而是水到渠成的信仰。

少年执手相约白头

晚年的两人，发白如霜，相依相伴。

戴乃迭病重，杨宪益便悉心照顾她，左右陪伴，寸步不离。

后来，她患了老年痴呆，更离不开人。那几年，杨宪益谢绝了许多邀请与机会，更不到外地去，专职在身边陪着她。

在给友人的信中，他会这样写："我目前因老妻有病，整天坐着陪她。什么事也没做，除了家务事而外，也从未给朋友写信，也无法出门，电话倒是常打。但您的电话我也没有，有空欢迎来玩玩……"

为了使她得到更方便的技术理疗，他们搬进了友谊宾馆的专家公寓。此时的她，坐在轮椅上，面容衰老，但眼神纯净，已不能交谈，只静静地待着。他与访客谈话时，总会将她推至目光范围内，还定时去喂她几口水，再习惯性地拿手绢帮她擦擦嘴角。

她在他身边，一直平静着，卷发自然松软地搭在两鬓，只目光依显生动，犹如婴孩般。

1999年11月18日，她离开了人世。

这是一位朴素的女性，她在自传中淡淡地写道："不同于许多外国友人，我来中国不是为了革命，也不是为了学习中国的经验，而是出于我对杨宪益的爱、我儿时在北京的美好记忆以及我对中国古代文化的仰慕之情。"

这是一位独立、美丽的友邦人士，她热忱地生活，诚挚地交友。

外甥女画家赵蘅，即小姑杨静如之女，认为她"好看得像一幅画"。

大姑子杨敏如褒扬她的懿德，夸她有颗金子的心："我的畏友，我的可敬可爱的嫂嫂，你离开这个喧嚣的世界安息了。你生前最常说的一句话是'谢谢'，甚至关在监狱，每餐接过窝头菜汤，你也从不忘说'谢谢'。现在，我要替我的祖国说一句：对不起，谢谢！"

她离开了，无疑，最怅然的是他。

从戴乃迭患病开始，杨宪益的生活重心只有她。对他来说，有她在身边，一切烟酒、译事才有热情的滋味和意义，所以他哪里也不愿意去，只是守着她，伴着她，照顾着她。记忆的印痕深深邃邃，他记得，她决定嫁给他时的坚定；他记得，她在岁月中对他的支持；他记得，她在苦难下和他一起搀扶着走过——

他难以想象，生活中怎么能没有她？

她走了，他的翻译工作也停止了。之后，由他发起并主持的“熊猫丛书”停版，英文版《中国文学》杂志也停刊了，至今，中国再没有类似的丛书和杂志出现。

她走了，他搬出北京友谊宾馆的公寓，独居在小金丝胡同的一所四合院里。家中摆着当年那张生动的结婚照，卧室里则挂着画家郁风为老妻绘作的肖像，并有题字：“金头发变银白了，可金子的心是不会变的。”

他的生命仿佛凝固了，但对她的思念日夜鲜活，连带那时光往事的追忆。每天一包烟，陪他看电视，看朝暮回转，日月交接，明暗循环。

“怕什么呢？都这么老了。”

回想当初选择翻译工作并非无所求，有朋友的促成，也考虑到可以跟夫人一起工作。如今那千万译作已成当时，他并不觉得有何可瞻仰的，便总说没什么值得流传下去的。人生迢途，到最后，只有记忆伴随着他，夹带着太多骄傲与遗憾、牵挂与思念，也一并勾连着那端的死亡。他写了一首诗，与它朝夕相对：

早期比翼赴幽冥，不料中途失健翎。

结发糟糠贫贱惯，陷身囹圄死生轻。

青春作伴多成鬼，白首同归我负卿。

天若有情天亦老，从来银汉隔双星。

心心念念，他爱作打油诗，辑为《银翘集》。回望自己的一生，他这样总结：卅载辛勤真译匠，半生漂泊假洋人。

时隔十年，杨宪益在京逝世。

世人称他，也许是中国最后一个集“士大夫”“洋博士”“革命者”于一身的知识分子了——知名翻译家、文化史学者、诗人。

2004年，杨宪益在家受访时，曾说道：“我现在就感觉到头了。”

“是因为你夫人不在你身边了？”

他想也不想，就答：“对。”

“那么她在你身边的话，你还会不会这么想？”

“那也许再活一百岁罢……”

现在，一切都安好了，九十五岁的杨宪益同他的异国爱妻在另一个世界团圆了，天上伉俪又成双。

少年执手相约白头，中英合璧比翼双飞。还是用杨宪益的一句话来结束他们半个世纪的爱情故事吧：

“戴乃迭，是我一生中最好的朋友……”

[遇见最好的爱情]

异国恋曲，虽跨越在文化的差异与家庭的矛盾之上，但归根到底取决于两颗心的碰撞，继而融入第一性与第二性结合的人类共性命题之中。

爱情之初，总有一种由头，或说力量，是绑缚了灵魂的吸引，是连接着命运的改动，是牵引了信念的牢固。同时，这也是一种投资，无论一次性买断还是分期付款，这本身就是一种活过人生的方式。

蔡锷与小凤仙

烟花巷里的惊天动地

他肝胆侠肠，一身壮怀，在险境中奋起，在理想中永诀，令后人感佩不已；而她不过是个流落风尘的女子，却因缘际会，撞遇了他的生命，惹动了他的埃尘，由此演绎了人间绝恋。国难民危，乱世纷呈，个人的际遇与命运摇摆而脆薄，以至于弦音邈邈，琴瑟悠悠，片刻就组成了永恒……红尘侠恋，一旦走进了深沉的时代画卷，便再也绝不了那不息的苍苍回声。

那一段英雄美人情，那一场风花雪月事，正循着一曲琴音回旋开来……

山青青，水碧碧，高山流水韵依依，
一声声，如泣如诉，如悲啼，
叹的是，人生难得一知己，千古知音最难觅。
山青青，水碧碧，高山流水韵依依，
一声声，如颂如歌，如赞礼，
赞的是，将军拔剑南天起，我愿做长风绕战旗。

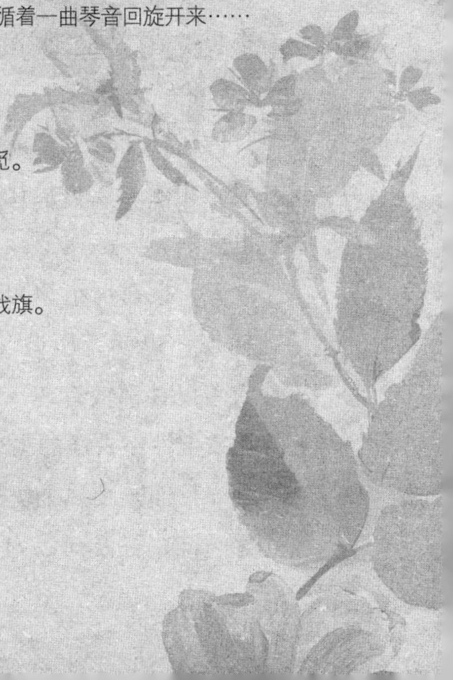

传奇的序幕

民国初年，二次革命失败期间，革命志士或远逃他乡或亡命国外，一时间，北京城成了官僚、巨贾、豪绅们挥金如土的乐园。于是，上海的名妓纷纷北上“淘金”，小凤仙便是随着这股潮流漂泊到北京的。

飘零身世，强颜欢笑，在那陕西巷南帮的云吉班里，继续着身不由己的生活……

美女如云的八大胡同中，小凤仙以自己非凡的气质迅速引人注目，命运不公的摆弄与折磨，成就了她孤傲的性情，给人以冷艳的感觉。她不擅侍候客人，亦不愿逢迎巴结，为此没少遭到鸨母的叱骂讥讽，但她依旧我行我素。

她自是聪慧得很，颇能识文断字，擅长歌缀词，亦能弹一手好琴，爱好读书，但这也只得自我陶冶了。

不想，悄然间，抵京的小凤仙就拉开了一段传奇的序幕。

时值1915年，这个淹没在烟花场所的女子，在她高山流水的悦耳琴音中邂逅了日后让她声名鹊起的护国儒将蔡锷，奏响了一曲旷世恋歌。

这天，蔡锷情绪烦闷，一个人随意在街上漫步，并不是专意寻花问柳，也就无所谓一定要挑红妓了。他今天是一副商人装扮，衣着佩件都较普通，迎客的老鸨瞧了一眼，就把他引到长相还算称赏但性格古怪的小凤仙这里。

刚一抬面，小凤仙见来客举手投足间的气度，就知他不似寻常。寒暄间，问及何以为生，蔡锷回称经商。静静的空气，隔过分秒的沉默后，是她不紧不慢的声音，并且含着笑意："我自坠风尘，生张熟魏阅人多矣，从来没有见到过风采就像你这样令人钦仰的，休得相欺。"

蔡锷一下讶异，还以切问："京城繁盛之地，游客众多：王公大臣，不知多少；公子王孙，不知多少；名士才子，不知多少。我贵不及人、美不及人、才不及人，你怎么就说我风味是独一无二的呢？"

小凤仙语气宽然，甚是笃定地说："现在举国萎靡，无可救药，天下滔滔，国将不国，贵在哪里？美在哪里？才在哪里？我所以独独看重你，是因为你有英雄气概。"

"何以见得？"

"我仔细看你的样子，外似欢娱，内怀郁结。我虽女流之辈，倘蒙你不弃，或可为你解忧，休把我看成青楼贱物！"

蔡锷故作不解，小凤仙却洞察明了，语态诚挚。不由得，他对她生出了欣赏，心想眼前的女子出口不凡，明眸皓齿，真是生动，再往她的姿貌上看去，现在也觉得非常动人。然而毕竟是初次见面，他心上紧着锁，不适合也真的不敢直以言深，只好按当下角色出牌。经过这一开场，小凤仙已为他备置了茶酒，桌凳古雅，杯器也优美，难得她心情不错，而他，放掉了刚到时的恭谨，这会儿在房中慢慢走动，将其间的布置浏览或说赏味了个遍。但见满阁清韵、卷轴盈案，心想：这女子虽样貌不算顶美，但气质中尽现慧性与典雅，婉约与热情。他的嘴角不觉漾开了弧度。她一直盯着他的神情变化，见此状，即刻来了兴趣："什么事情使你暗中高兴？"

蔡锷心下盘旋几秒，说不出所以然来，就信手去翻看并挂在墙的条屏，然后问："你这里有这样多的对联，你最喜欢哪一副？"

“都是泛泛之辞，不甚切合情景心态，似无什么称心如意的。你是非常人物，不知肯不肯赏我一联？”

小凤仙聪明，但见对方转了话头，又趁机得了新趣味。她不等他点头，便取出宣纸，磨墨濡笔递上前去。蔡锷难以推辞，便绰绰挥毫，立成一联：“自是佳人多颖悟，从来侠女出风尘。”

稍一审视，再郑重地款题“凤仙女史灿正”。

小凤仙在旁，看这一联，全无所处之地的脂粉气息，字字皆是他那淋漓的英雄气概。临到蔡锷收笔之际，她急忙阻止，说道：“上款既蒙署及贱名，下款务请署及尊号。你我虽然贵贱悬殊，但彼此混迹京城，你又不是什么朝廷钦犯，何必隐姓埋名。大丈夫行事自当光明磊落，若疑我有歹心……”

闻语严恳，蔡锷自感推辞不得，于是落字“松坡”。

小凤仙当即识辨，问道：“你莫非就是大家议论纷纷的云南蔡都督？”

再问来京缘由，他假说攀附名贵，以求保身。不料小凤仙却一脸正色道：“你去做那华歆、荀彧，好好侍候曹操吧！我的陋室龌龊，容不下你这富贵中人！”

她一派认真，他却哈哈笑道：“既然佳人下了逐客令，久留无益。且自去吧！有缘再会，就此告辞！”

性子如此爽率的小凤仙，在吉云班这阿谀逢迎之地，当然算不上红牌，实际上，客人挑上她的机会并不太多，而就算这样，十有八九都是不欢而散，这次也不例外。老鸨看着蔡锷匆匆离去的身影，往那房门口一瞥，继而又叹气，说：“这回准是又把客人给得罪啦！”

他们的初见，是在唇枪舌剑中结束的。

然而，小凤仙的言谈举止让蔡锷至为惊艳，他没想到在如此醉生梦死的烟花队伍中，竟有这样善解人意的奇女子，不由得感慨道："我此次入京，总算不虚此行了。"

高山流水识知音

惶惶惑惑，他忘了小凤仙乃是风月场上的人，对于她们来说，阅人无数，尤其看男人是不会走眼的。可是他，如何相倾相告，赤子之心，在当前怕是连自己也得一思再思，更何况他还身陷险境，迷蒙不已……

想他自小聪明过人，十五岁应童子试名列第一。

想他入长沙时务学堂，后留学日本，学成归国后成为各方军统争相笼络的青年才俊。

想他在辛亥革命、武昌起义爆发时，与滇军将校起而响应，一举光复昆明而被推举为云南都督……

人生之事，向来荣辱相兼，如今袁世凯加紧复辟帝制，加紧拉拢蔡锷，他又何尝不是身不由己，甚难脱身……

袁世凯叫长子袁克定拜蔡锷为师，向其求教军事之道，并在仪式上，当面许应来日陆军总长一职。

1916年初秋，袁世凯的御用班子"筹安会"煞有介事地成立了，杨度是主事，为力促蔡锷列名发起人之一，他打着同乡相访的幌子，殷勤地往蔡家跑。

蔡锷，作为辛亥云南首次起义的元勋，力行民主，怎肯自毁其誉、勉强轻就，但公然拒绝又不妥，只好拖一天算一天，权且试计。

这时间，称帝的舆论大旗也招摇起来了。杨度发表《君宪救国论》声势次第展开。打听到梁启超有一篇《异哉所谓国体问题者》准备在天津发表，袁世凯派人施以威胁，但并不奏效，于是就想利用蔡锷与梁启超的师生之谊，带二十万块现大洋“好意”疏通，劝阻发表事宜。这一相会，表面上蔡锷铩羽而归，暗地里却得了老师的锦囊妙计：“君子俟时而动，小不忍则乱大谋，不妨假装赞成帝制，同流合污，先打进他们的圈子，再设法送走家眷，而后才相机脱身。”

正陷窘境的蔡锷，豁然开朗，一改踌躇，大动干戈起来。他在云南会馆的将校联谊会上发起请愿，并在众目睽睽之下，豪然签名。至此三十一岁的蔡锷改头换面，天天跟杨度之流混在一起。

人人都说蔡锷前后判若两人，杨度自表功勋，得意地说：“太子太师之尊、兵部尚书之责、陆军统帅之权，那怕蔡锷不俯首称臣，力图报效这皇恩浩荡呢？”

这是帝制的辅佐者，是气焰嚣张的人物，同时免不了性本风流，寄情声色。八大胡同，呼朋引伴，夜夜寻欢，蔡锷如今身在其中，亦不能免俗。那些人各有相好，而他自从上次遇到小凤仙后，顿感其出语不俗，心性真挚，或可以作为红粉知己，借以应付一班“同僚”……

原来他身无自由，行如软禁，怪不得烦闷；原来他革命热情高涨，无时无刻不在应对着袁世凯手下的监视，怪不得心重；原来他知遇了她，却只能那般支吾谎称，怎可如实以对；原来他逢见了她，是那般不经意，亦是必然。

因为那监视的眼睛更紧了，没过几天，焦忧中的蔡锷，再往云吉班走去。

他当然是去找她的，好似故事就该这般顺水发展。

未见其人，先闻其琴，一曲《高山流水》好似正为他的到来而奏，委婉真切，情意淋漓。他驻足聆听，临在门外，若有所思。曲将终，他踏进小凤仙的房间，未来得及招呼，抚琴人弹毕，瞬时起身，向他调侃起来："你何不去做华歆、荀彧，哪有闲工夫到云吉班来？"

那郁郁寡欢的人儿说："华歆也好，荀彧也好，自有他人做，暂时还轮不到我。"

"恐怕不是轮不到你，而是你不屑于去做吧，你也不必再瞒我了！"

她笑言，他却话锋一转："我当前通电拥护袁世凯当皇帝，你又要讥笑了吧！"

"英雄处事，令人难测高深，今天做华歆、荀彧，安知明天不做陈琳？"

这一回小凤仙正经八百地迎了上去。蔡锷怔了一会儿，说道："难得遇到你，有这样的慧眼、慧心。可惜天妒红颜，竟然使你沦落风尘，作些卖笑生涯，令人可惜。"

小凤仙听着，心绪触动，已是泪眼盈盈，蔡锷又加些安慰，充满怜意。好容易遇了知音，她索性呜咽着放出了声，紧接着，掏心挖肺一并将身世际遇相倾，并要求蔡锷也以诚相待。他却说："来日方长，何必急在一时？"

"你还在怀疑我吗？"

她以为他有意敷衍，不禁再现冷艳面目。他连忙为她擦拭未尽的泪痕，并顺势将她揽入怀中，说道："你这是何苦呢，我已知道了你的真诚，只是怕隔墙有耳……以后慢慢告诉你。"

他知，这眼前的小凤仙是值得信赖之人，亦是值得爱慕之人：她冰雪聪明、冷傲孤绝，虽是弱女子，但字字透露着替君解忧的真性。他心中窃喜，不由得在心底吟诵起唐代诗人高适的名句：莫愁前路无知己，天下谁人不识君。

那晚，夜幕初降，蔡锷在云吉班请起客来，可谓旗鼓喧天。顾鳌、梁士饴、杨度、孙毓筠、胡瑛……京城里有头有脸的人物集了个差不多，鸨母和龟奴们又惊又喜。

张灯结彩、热闹纷纭自不必说，这个二流班子还没见过如此重大的局面呢，真是犹若受宠。美人们一一报名入座，鸨母更是笑不拢嘴，连声吩咐："小心侍候客人。"并不断夸赞："这会儿咱们凤仙姑娘可算是露脸了！"

喧嚣客散后，小凤仙俯身于蔡锷耳边，轻言道："夜深风寒，不如在此歇下吧，我的房里还没有留过男人过夜呢？"

鸨母也笑眯眯地掀帘进来，说："我有眼无珠，不识这位蔡大人，实在罪过。我已斗胆将蔡大人的车夫打发回去了，定要蔡大人在此委屈一宿哪！"

同时，伴随着数色点心奉上，龟奴们也说了些吉祥话，讨了赏钱，识相地退下。小凤仙掩好了门窗，满脸娇羞地依在蔡锷怀里。

他对她推心置腹，她对他欣赏敬佩。从此，这一对相见恨晚的人儿，双双坠入两情缱绻之中。说不清是谁先起了意动了情，道不明是他利用了她还是她仰仗了他，且让这乱世红尘间，留一抹惊心动魄吧。

一时间，这将军狎美人的风流韵事流传京华。

眼看着当年叱咤云南的赫赫将帅，如今与一个烟花女子打得火热，日日醇酒，夜夜笙歌，壮志何在？不只是公务耽搁下来，就连棉花胡同的家也冷落了。杨度观察了数天，终于把这番情状上报袁世凯，袁世凯叹道："蔡锷果真乐此不疲，我也可以高枕无忧，但恐怕醉翁之意不在酒，只不过是借此过渡，瞒人耳目而已！"

然而满城风雨来得更加猛烈。

两人如胶似漆，情深意笃，并且蔡锷放风，托请要人购置宅院，扬言为小凤仙大兴土木，又予之题词，说她："此际有凤毛麟角，其人如仙露明珠。"

这些活动自然惹恼了被连日疏忽的原配夫人，她伤心之余，对丈夫又多劝诫："'酒色'二字，最是戕身，何况你身体欠佳……大丈夫应建功立业，留名后世……"

不及一片心意表全，他就已爆发怒气，随手掀起几件家具，摔下去，碎成稀烂。于是蔡宅里，一片狼藉，鸡飞狗跳。袁世凯得了消息，赶紧派两人前去调停，实做证实——

"我道蔡锷是个干练之才，可参与国家大事，谁知道治家都还不妥帖！"

闻及蔡家已然乱七八糟，尽无安宁，袁世凯不屑至极，戒心也就松懈了下来。

蔡锷继续在小凤仙那里流连，香闺中琴曲谐鸣，杯酒欢颜。蔡夫人以泪洗面，他也不闻不问，还告明要接小凤仙回来。到后来，曾经的患难夫妻迅疾呈现决裂之状，蔡夫人决定回湖南老家，索性给他腾出清净，让他称心如意。

指责嘲骂、流言蜚语向小凤仙纷至沓来，她难堪，为蔡锷夫妇的不和而愧疚不安。然而，她又是这般地倾心于英俊儒雅的他，但为蔡夫人考虑，她准备痛苦地斩断情丝。于是，深明大义的她大胆地前去拜访了蔡夫人。

然后，一切事情有了缘由，一切真相有了眉目。原来，这是蔡锷巧妙筹划的"佯狂避世"迷惑袁世凯的一部分。

仗义若她，当他表白一番披肝沥胆的忠心后，就把自己的妆闺内室，改成他收集情报、拟发密电，隐秘与反袁志士会见接头的安全掩所。

蔡锷即使是再铮铮铁骨的汉子，也会为此丹心侠义的女子感动，亦会在私下暗自庆幸自己于茫茫人海中得一如此冰清玉洁的红颜知己。

想当初，蔡锷无奈之下进京的决定，改写了他和小凤仙一生的命运；而她只因一个偶然的撞遇，便闯入了他的英雄业绩中。

萍水一梦，琴瑟无端

宿命的缘分，注定是有缘在一起却无分长相厮守的。

一如那许仙和白娘子，纵是十年修得同船渡，百年修得共枕眠，到了却还是天人永隔。

当小凤仙配合着蔡锷把“醇酒美人计”演完，蔡夫人也在表面的哭哭闹闹中领着一家老小回到云南时，她便知道眼前这个满腹报国之志的人，也要离她而去了。

袁世凯的复辟梦还在紧锣密鼓地张罗着，宣统帝终在他的劝解和威胁之下妥协，答应取消帝号，毫无条件地俯首称臣。被皇帝梦扰昏了头的袁世凯，依然没有忘记蔡锷。

一天晚上，他派人突袭蔡宅，刀枪入室，来势汹汹。事后又勤力出来主持公道，还毙掉了一个“企图抢劫”的头目。

所有的虚与委蛇，蔡锷都是明朗的。他再度思量着，审视起当前的处境来：北洋政府还是容不下他，如影随形的眼睛还对他监视重重……他思考着自己该如何脱身、如何革命，最后想到了小凤仙。

“决计不顾生死，非要逃脱羁系不可。”

“同行多有不便，将来成功之日，必不相忘！”

一句不顾生死之后，她毅然表示愿与之同行，而他却不能让她冒这个险。

或许，那句来日方长亦是一分真切的奢望；或许，那未知的成功之日，亦是一个无言的许诺。

或许，那句替君解忧就是这段情缘最大的馈赠；或许，能与之合谋、步入他的人生就是这萍水一逢最好的注解。

1915年11月，一个寻常的夜晚，北京八大胡同的南帮妓院云吉班里人声鼎沸——经过这些日子，生意红火了不少。

要言有什么特别之处，也只是正值云吉班的长班过生日而已。

大院里人来人往，络绎不绝。小凤仙的厢房内，帘子高卷，十分通亮，屋内动静无有任何遮挡，蔡锷背窗而坐，和她对酒当歌，纵情声色，真性真为。几双窥视的眼睛正严密监视，所见之举，连同细节，都免不得疑义。不久，蔡锷便起身假意解手，往外挤入人群，趁着一片纷乱，顺利溜了出去，直奔火车站。而此时小凤仙行若无事，拨弄着琴弦，一边唱曲一边斟饮，夜深了，也自然把窗帘放下来，但人影依然晃动，并无休停，屋外的密探便安下了心。

那晚小凤仙歌声未断，流传下来的主要有三首：

其一：调寄《柳摇金》

骊歌一曲开琼宴，且将子饯，你倡义心坚，不辞冒险，浊酒一杯劝，料着你食难下咽。你莫认作离筵，是我两人大纪念。

其二：调寄《帝子花》

燕婉情你休留恋，我这里百年预约来生券，切莫一缕情丝两地牵。如果所谋未遂或他日啊！化作地下并头莲，再了前生愿。

其三：调寄《学士中》

你须计出万全，力把渠魁殄灭！若推不倒老袁啊？休说你自愧生旋，就是侬也羞见先生面，要相见，到黄泉。

琴曲绵绵，是做足了掩护的戏份，又是似是而非、真假难明的离歌。

第二天红日当头，一群密探等了又等，仍不见蔡锷出门，才感到事有蹊跷，急急蛮横地冲了进去，结果却令他们大惊失色：厢房内只小凤仙一人轻曼，而那目标早已没了去向。

殊不知，当初纷起的“将军狎美人”一时转变为“美人挟走蔡将军”，自此传为美谈。

袁世凯当然气得火冒三丈，即刻下令展开杀势。

但此时，蔡锷已抵香港，不久曲线绕道，进云南组织护国军，起义讨袁。

护国运动兴起，加之北洋军系旧人策反，内外夹击，做着几世皇帝梦的袁世凯，只过了八十三天的瘾，就绝望而死。树倒猢狲散，那名噪一时的杨度晚年沦为黑帮老大杜月笙的门客。

洪宪断命后，黎元洪代理总统，任命蔡锷为四川都督。一度救国奔途，又带病操劳，他患上了喉疾。

这时间的小凤仙，所做之事只有等待，天天守着蔡锷的消息，盼着他差人来接。本已闭门谢客，但正因受他的垂青，越加艳名大噪，面对窗外人等的竭力趋来，她总是置之淡然，因为决定对他从一而终，就要维护他的名声。但也有蔡锷的部属，对她极力排斥，怕她有损其清誉。

在两相矛盾中，小凤仙坚守着对蔡锷的一片相思。

“拟履行前约，愿来川中伴君。”

任由寂寞煎熬，她在深夜，于一纸铺开对之倾怀。待千山万水，路途周折，数月后，她接到他写来的信，大意是说：“自军兴以来，顿罹喉痛及失眠之症，现在都督四川政务、军务，实在是难却盛情，所以勉为其难，等到大小事情布置就绪，就出洋就医，到时偕你同行，你暂时等一下。”

小凤仙有心看望，但兵荒马乱不可能成行，只得天天焦心地等待。

但日子加紧，蔡锷已病入膏肓，来不及也无法接她了。几经急转，就医无果，终在日本福冈医院逝世，终年三十七岁。

闻知死讯的小凤仙，犹如坠入万丈深渊，悲痛欲绝，泪如雨下。这样的结局，是她怎么也不曾猜想到的。她捧着登有蔡锷讣告的报纸，看了又看，读了又读，就是不愿相信这是事实。她细数起和他在一起的甜蜜时光，回忆起他说让她等他，而后接她回家，偕同出洋……

肝肠寸断，这场因缘际会，短得令人错生幻觉……

蔡锷的灵柩运回上海，军商学各界及驻沪使节为他举行了盛大的追悼会。小凤仙托人寄来了两副挽联。

其一：

不幸周郎竟短命，早知李靖是英雄。

其二：

九万里南天鹏翼，直上扶摇，怜他忧患余生，萍水姻缘成一梦；

十八载北地胭脂，自悲沦落，赢得英雄知己，桃花颜色亦千秋。

据说，在中央公园，行蔡将军公祭的人群当中，曾有小凤仙的影，身上的蓝布大褂似已褪去风尘之感，全然是一个思妇怀亲的殷切，玉栏杆旁，她哭到晕厥……幸有好友苏芸——曾朴的学生——将其扶起，予她宽慰。于是，两人定于云吉班见面细叙。但当苏芸如约寻她时，见到的只是一纸绝命书：

妾与蔡君，生不相聚，死或可依。或者精魂犹毅，飞越重洋，追随蔡君，依依地下，长作流离伴侣。如或不能，妾愿化恨海啼鹃，望白云苍莽中，是我蔡郎停尸处，夜夜悲鸣罢了。

这份泣血别书传遍京城，令人唏嘘。

此后，小凤仙即从八大胡同消失，无影无踪。曾有人作诗叙述他们的惊世情缘：

英雄儿女意绵绵，红拂前身小凤仙。
瑶树琼花零落尽，白头宫女话当年。

就像白头宫女无尽地说着玄宗传奇一样，小凤仙当年的凄美与侠义一直为人们津津乐道，而对她是生是死的种种猜测也流传不断。

她真的追随心爱的蔡郎而去了吗？

擦肩而过的遗憾

听闻他离世，亲睹他入土，心神交瘁尚不自持，但毕竟只有这样之后，她才能放心而去。女子于爱，总容易决绝。如今，他已长眠，她对人间可以说生无可恋。

于是，那天深夜，小凤仙随意乘上了一趟列车，任前方何处，她只顾回忆着与蔡锷从知遇、表情一直到等待、死别的点点滴滴，反复念及，悲不自胜。她想服毒自尽，可是上天好像另有眷恋，一次意外的列车事故挽救了她。

这样，命运的安排将她载到天津，黯然的心，大概亦有了悟。她租得一陋屋，靠做手工为生，隐姓埋名，单薄如昨。

乱世之中，她如一叶浮萍，从未敢奢望安然，亦没有想到过，自己居然还会有感情！

直奉战争打响，社会动荡照旧。奉军师长王玉魁部进驻了她居住的大院，与之偶然相识。此时她已更名为凤云，心绪也恢复了平静，过着普通人的生活。而那英雄男儿，就那么牢靠地烙在了心底。

见识了小凤仙岁月不减的玉颜，听得了她传奇非常的往事，王玉魁不无打动；而当一个军人的气质临现于眼前时，她有些恍神，前尘如梦一丝丝勾起。因为对蔡锷的追念，她应了王玉魁的情意，奉军兵败后，随他回了奉天，当了他的四姨太。

本想就此安稳，却不知一出“重蹈覆辙”的戏，再度在她的生命中拉开帷幕。

婚后不久，王玉魁被张作霖革职，下了大牢，王公馆随即落败。原因大概是以倒卖鸦片起头，多方得罪。此情之下，小凤仙为救丈夫四处奔走。后来，他虽出了狱，却已一无所有。

他和她回到王家老屋，过起了安闲的生活，虽至清贫，但也不乏乐趣。然而，平静很快由张作霖被日本人炸死的消息打破。

王玉魁久卧思动之心，还未成形，机会就找上门来。旧时同僚张景惠出面，代日本人承请他出任奉天城防司令，小凤仙一眼识破这汉奸的本质，道与丈夫，算是联合婉拒。但最后，不从命即成罪，他又入牢，她也遭软禁。

再往后，她被他手下的副官救出，当再回到老屋，眼前已是一片灰烬，这个饱经颠沛的女人欲哭无泪。

如果说蔡锷的离世带给她的只是感情的绝望和期待的落空，那么这次，再因战争的混乱而将失爱人和家庭，几乎让她彻底崩溃。

想想，她不只是后怕，更是对这乱世生出愤恨。于是，她凛然决心报仇雪恨，冒险救夫。趁着新任奉天司令罗友杰筹办喜事之际，乔装潜入，伺机逼其放人。

可是，命运的玩笑，和捷报一样，总循着时机到来——王玉魁已在牢中不屈自尽。紧握的枪，掉了；坚毅的脸，木了；最后的勇气，也不必了。她无望地，当场昏倒。不知是幸还是不幸，他的原部下及时赶到，将之从罗府救出，并送上南下的火车。

一时间，小凤仙成了满城追捕的逃犯。宪兵当然不放过最可疑的列车，所以喝令着，一个一个细细审查，当她被发现时，便应急跳车，无意生死。偏偏生命纤长，小凤仙摔入路边煤堆中，又被铁路烧水工救起……

1998年，一切后来事终于有了安放。

直至这一年，生活在沈阳大东区和皇姑区的三位老人——李有才夫妇和李桂兰，才知道，继母张洗非原来就是小凤仙。

他们与她共同生活了五年，也陪伴她走完了人生的最后岁月。

悠悠荡荡，三位年龄加起来已有两百多岁的老人，回忆着尘封了五十多年的往事……

早在中华人民共和国成立前，他们的父亲李振海在张学良大帅府工作，小凤仙总去看望赵四小姐，完全有可能这就是认识的渊源吧。并且，两个人都特别爱听评书，算是双方的共同爱好。

1949年，丧妻的李振海把小凤仙娶回家，而刚进门的她，立刻成了四个孩子的母亲。

“继母特别喜欢一张照片，她总是拿出那张照片静静地看，看照片时也从不忌讳我们，那是她和一个年轻将军的照片。”七十多岁的李桂兰回忆，“照片里的男人很英武，肩上有着很大的章，衣服上还有很多金黄色的穗。我就问她：‘这是谁啊？’她还是淡淡地一笑，偶有回答会说：‘这是一个朋友。’”

李家的经济来源全靠父亲支撑，日子可想有多困难，但即使这样，小凤仙依然过得悠然。“她干得最多的活就是洗自己的衣服，从来不做饭，但是生活很有规律，每天早晨自己出去遛弯的时候，都会在外面吃早饭。”对于如此“四体不勤，五谷不分”的继母，李桂兰从不敢心生埋怨，“因为无论从哪里看，她都是一个不一般的人”。

1951年年初，正值抗美援朝时期，京剧艺术大师梅兰芳率团赴朝慰问参战志愿军，途经沈阳演出，稍做停留。

沉默生活了十几年的小凤仙和故人联系，得以见面。

“第一次还是我带继母去的，因为那时我在政府工作，可惜第一次没有见到梅先生。第二次，继母带着妹妹李桂兰去看望梅先生。即使那次，我们也还不知道，继母就是小凤仙。不过看到梅先生对她的客气，隐约猜到，继母绝不是普通人。”李有才回忆说，这当然也是李桂兰的猜想。

这之后，梅兰芳托人把小凤仙安排进省政府幼儿园工作，或许是对旧交的一点安顿与照顾，或许是应她的需要而尽绵薄之力。

又过了三年，小凤仙患上类似于老年痴呆和脑血栓的病症。最后的时间里，陪伴她的是李有才的妻子佟桂英。

红颜自古如名将，不许人间见白头。

患病后的小凤仙，生活完全不能自理，时刻需要有人照顾左右……谁也不能将一个容颜衰老的老妇和那个侠胆惊国的女子联系起来。

一春一秋，绕过年轮，岁岁如此，但都凝结着生命的开始与成熟、播种与收获。但长长思望过后，还是很难判断小凤仙是否幸福：自小坠入红尘，卖身青楼，当然得属不幸；掩护蔡锷，智斗袁世凯，当然也不是一个弱女子应担的责任。

但她与蔡锷之间的知音恋事，宛如一幅炫丽浓烈的油画，没有线条的细致，只有色彩的厚重，在生死相照、日月辉映之中，不求为人载道，只求于己回味。

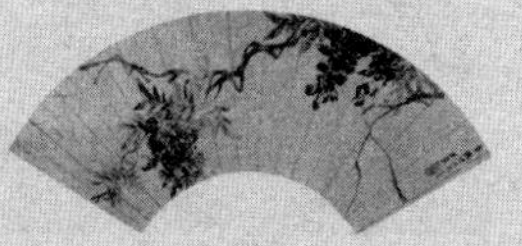

【遇见最好的爱情】

惺惺相惜，不难却也不易；宠辱与共，不难却也不易。

难的是冯骥才所说的，择一城终老，携一人白首；易的是洪荒不已，一生漂泊，无处归宿。但爱过，的确是不一样的。

只一个契机就改变了人生的盘算，只一个举动就调用了千秋的福祉。留下的，是长久的怀想，终生的念念不忘，绝不说情义难两全。

得到了，便是柴米油盐；得不到，便是纯真年代。这就是爱的辩证：得到后，总会失去；得不到，反而会更长久地拥有。